Das Werk René Chars, eines der bedeutendsten Lyriker dieses Jahrhunderts, ist im deutschsprachigen Raum bisher kaum verbreitet. Von der Literaturwissenschaft und einem kleinen, an moderner Literatur interessierten Publikum werden seine lyrischen Texte und Aphorismen zwar seit Jahrzehnten wahrgenommen und hochgeschätzt, man zählt ihn zu den Klassikern der Moderne, aber gründlich gelesen worden ist sein Werk hierzulande bisher kaum. Das liegt nicht zuletzt an der Modernität und besonderen Schwierigkeit dieses Werks.

Der Schriftsteller und Übersetzer Lothar Klünner, der sich seit über vierzig Jahren dem Übertragen der Dichtung Chars ins Deutsche widmet, die Literaturwissenschaftler Jean Voellmy, Curd Ochwadt und Horst Wernicke, die mit René Char über Jahrzehnte hin im Gespräch waren, versuchen in diesem Buch, zu ausgewählten Gedichten aus allen Schaffensperioden mit Anmerkungen und Kommentaren dem Leser Verstehenshilfen an die Hand zu geben, mit denen er leichter in das Labyrinth dieses großen lyrischen Werks einzudringen vermag.

»Zugänge« zu einem schwierigen literarischen Werk zu schaffen, das ist die Absicht dieser Einführung in die Dichtung René Chars aus vier verschiedenen Blickrichtungen.

René Char wurde 1907 in L'Isle-sur-Sorgue bei Avignon geboren. Von 1925 bis 1928 kaufmännische Ausbildung in Marseille. 1929 erste Buchveröffentlichung, ›Arsénal‹. Bis 1938 gehörte Char zum Kreis der Surrealisten um André Breton und Paul Éluard. 1939 wird er eingezogen und verbringt den Winter im Elsaß; seine Erfahrungen dort finden ihren Niederschlag in der Sammlung ›Das pulverisierte Gedicht‹. Von 1942 bis 1944 leitet er eine Widerstandsgruppe in den französischen Seealpen und der Provence. 1944 zum Interalliierten Generalstab von Nordafrika delegiert, leitet er in Algier die Vorbereitung zur Landung der alliierten Truppen in Südfrankreich. »Seitdem keine anderen Erlebnisse, als sie viele Menschen hatten.« Nach dem Krieg erschienen zahlreiche Gedichtbände. Chars Werke sind noch zu Lebzeiten des Dichters, 1983, in die berühmte ›Bibliothèque de la Pléiade‹ aufgenommen worden. Er starb 1988 in Paris.

Lieferbare Titel von René Char im Fischer Taschenbuch Verlag: ›Hypnos. Aufzeichnungen aus dem Maquis 1943–1944 / Feuillets d'Hypnos‹ (Bd. 9570), ›Zorn und Geheimnis / Fureur et mystère‹ (Bd. 9571), ›Die Bibliothek in Flammen / La bibliothèque est en feu‹ (Bd. 10803).

René Char

Einen Blitz bewohnen

Ausgewählte Gedichte
französisch – deutsch

Mit Kommentaren
von Lothar Klünner, Curd Ochwadt,
Jean Voellmy und Horst Wernicke

Herausgegeben von
Horst Wernicke

Fischer Taschenbuch Verlag

Originalausgabe
Veröffentlicht im Fischer Taschenbuch Verlag GmbH,
Frankfurt am Main, Oktober 1995

Copyright dieser Ausgabe:
© Fischer Taschenbuch Verlag GmbH, Frankfurt am Main 1995
Die französischen Originaltexte wurden
mit freundlicher Genehmigung des Verlags Gallimard, Paris,
folgenden Ausgaben entnommen:
›Œuvres Complètes‹ in der ›Bibliothèque de la Pléiade‹
© Editions Gallimard, Paris 1983
›Les Voisinages de Van Gogh‹
© Editions Gallimard, Paris 1985
›Éloge d'une Soupçonnée‹
© Editions Gallimard, Paris 1988
Siehe auch Quellenverzeichnis S. 182 ff
Deutsche Übersetzungen:
siehe Quellenverzeichnis S. 183 ff
Gesamtherstellung: Clausen & Bosse, Leck
Printed in Germany
ISBN 3-596-12675-4

Gedruckt auf chlor- und säurefreiem Papier

INHALT

Ausgewählte Gedichte (1936–1988)

MOULIN PREMIER (1936)		Erste Mühle	
Commune présence 12		Gemeinsame Gegenwart 13 *140**	
DEHORS LA NUIT EST GOUVERNÉE (1938)		Draussen die Nacht wird regiert	
Remise 14		Aufschub 15 *169*	
SEULS DEMEURENT (1945)		Es bleiben aber	
L'Absent 14		Der Abwesende 15 *121*	
1939 – Par la bouche de l'engoulevent 16		1939 – Aus dem Munde der Nachtschwalbe 17 *121*	
Évadné 16		Euadne 17 *140*	
Louis Curel de la Sorgue 18		Louis Curel von der Sorgue . . 19 *141*	
PARTAGE FORMEL 18		Unanfechtbarer Anteil . 19 *169*	
FEUILLETS D'HYPNOS 1943–1944 (1946) 24		Hypnos. Aufzeichnungen aus dem Maquis (1943–1944) 25 *142*	
LES LOYAUX ADVERSAIRES (1948)		Ehrliche Gegner	
Le Thor 34		Le Thor 35 *122*	
Pénombre 34		Halbschatten 35 *170*	
LE POÈME PULVÉRISÉ (1947)		Das pulverisierte Gedicht	
Argument 36		Argument 37 *171*	
J'habite une douleur 36		Ich wohne in einem Schmerz . . 37 *172*	
Affres, détonation, silence 38		Angst, Detonation, Stille 39 *144*	
Jacquemard et Julia 38		Jacquemard und Julia 39 *145*	
Le bulletin des Baux 40		Der Bericht von Les Baux . . . 41 *145*	
Le Requin et la Mouette 42		Der Hai und die Möwe 43 *147*	
À la santé du serpent 42		Auf das Wohl der Schlange . . . 43 *148*	
LA FONTAINE NARRATIVE (1947)		Der erzählende Quell	
La Sorgue 46		Die Sorgue 47 *148*	

* Die zweite, kursiv gesetzte Seitenangabe bezieht sich jeweils auf die Kommentierung des Gedichts.

Le Martinet	48	Der Turmsegler	49	149
À une ferveur belliqueuse	48	Einer streitbaren Inbrunst	49	123

LES MATINAUX (1950) — WANDERER IN DEN MORGEN

L'Adolescent soufflété	50	Der Geprügelte	51	123
Pleinement	52	Voll und Ganz	53	150

À UNE SÉRÉNITÉ CRISPÉE (1956) — EINER HARSCHEN HEITERKEIT

À une sérénité crispée	54	Einer harschen Heiterkeit	55	172
Post-merci	56	Nachdank	57	172
À ***	56	An ***	57	173

LA PAROLE EN ARCHIPEL (1962) — DAS WORT ALS INSELGRUPPE

Le Bois de l'Epte	58	Der Eptewald	59	174
Pourquoi la journée vole	60	Warum der Tag dahinfliegt	61	174
Déclarer son nom	60	Seinen Namen nennen	61	124

LA BIBLIOTHÈQUE EST EN FEU (1956) — DIE BIBLIOTHEK IN FLAMMEN

La bibliothèque est en feu	62	Die Bibliothek in Flammen	63	151

QUITTER (1960) — SCHEIDEN

L'Allégresse	64	Die helle Freude	65	152
L'Éternité à Lourmarin	66	Die Ewigkeit zu Lourmarin	67	153

RETOUR AMONT (1965) — RÜCKKEHR STROMAUF

Sept parcelles de Luberon	70	Sieben Fragmente aus dem Luberon	71	124
Tracé sur le gouffre	72	Auf den Abgrund gezeichnet	73	126
Chérir Thouzon	72	Geliebtes Thouzon	73	127
Devancier	74	Vorgänger	75	127
Le Nu perdu	74	Der verlorene Nackte	75	127
Le Banc d'ocre	74	Die Ockerbank	75	128

RECHERCHE DE LA BASE ET DU SOMMET (1971 / 1979)

L'Âge cassant	76	Das zermürbende Alter	77	174
Aisé à porter I, II	78	Leicht zu tragen I, II	79	160

À FAULX CONTENTE (1972)	78	DER ZUFRIEDENEN SENSE	79	162

LA NUIT TALISMANIQUE (1972) — DIE ZAUBERKRÄFTIGE NACHT

Chacun appelle	80	Jeder ruft	81	129

AROMATES CHASSEURS (1975) — DUFTQUELLEN, DIESE JÄGER

Aromates chasseurs	82	Duftquellen, diese Jäger	83	175
Réception d'Orion	84	Empfang des Orion	85	175
Éloquence d'Orion	86	Beredter Orion	87	129

CHANTS DE LA BALANDRANE
(1977)
Verrine	86	Das Licht des Steuerhauses	87 130
Comme le feu ses étincelles	88	Wie das Feuer seine Funken	89 176
Sans chercher à savoir	88	Ohne wissen zu wollen	89 176

FENÊTRES DORMANTES ET PORTE SUR LE TOIT (1979)
Faire du chemin avec...	90	Wege machen mit	91 176
Quantique	92	Quantenhymne	93 163
Ibrim	92	Ibrim	93 165
Légèreté de la terre	94	Leichtsein der Erde	95 154

LOIN DE NOS CENDRES (1982)
Se réchauffer l'ardeur	94	Die Glut anfachen	95 156

LES VOISINAGES DE VAN GOGH (1985)
Les Voisinages de Van Gogh	96	Die Nachbarschaft van Goghs	97 130
L'Avant-Glanum	98	Das Vor-Glanum	99 157

ÉLOGE D'UNE SOUPÇONNÉE (1988)   LOB EINER VERDÄCHTIGEN
Bestiaire dans mon trèfle	98	Bestiarium meines Klees	99 177
Riche de larmes	100	Reich an Tränen	101 157
Rare le chant	104	Rar schönes Lied	105 177

Kommentare zu den Gedichten

Jean Voellmy
»Orte, wo wir niederknieten, um zu trinken«
Die Provence im Werk René Chars 109

Horst Wernicke
»Dieser Rauch, der uns trug...«
René Char: Dichtung und Widerstand 132

Curd Ochwadt
Vier Kommentare zu Gedichten René Chars 160

Lothar Klünner
»Aufrecht in der Zeit wächst das Gedicht«
Zur Poetik René Chars 166

Anhang

Editorische Notiz 181
Quellenverzeichnis 182
René Char – Biographischer Überblick 188
Über René Char: Stimmen berühmter Zeitgenossen 192

Nachwort

Horst Wernicke
»Einen Blitz bewohnen«
René Char und seine Gedichte 197

Foto Lutfi Özkök

*Si nous habitons un éclair,
il est le cœur de l'éternel.*
　　　　　　　　R. C.

»Wenn wir einen Blitz bewohnen,
ist er das Herz der Ewigkeit.«

AUSGEWÄHLTE GEDICHTE
(1936–1988)

MOULIN PREMIER (1936)

COMMUNE PRÉSENCE

Tu es pressé d'écrire
Comme si tu étais en retard sur la vie
S'il en est ainsi fais cortège à tes sources
Hâte-toi
Hâte-toi de transmettre
Ta part de merveilleux de rébellion de bienfaisance

Effectivement tu es en retard sur la vie
La vie inexprimable
La seule en fin de compte à laquelle tu acceptes de t'unir
Celle qui t'est refusée chaque jour par les êtres et par les choses
Dont tu obtiens péniblement de-ci de-là quelques fragments
    décharnés
Au bout de combats sans merci
Hors d'elle tout n'est qu'agonie soumise fin grossière
Si tu rencontres la mort durant ton labeur
Reçois-la comme la nuque en sueur trouve bon le mouchoir aride
En t'inclinant
Si tu veux rire
Offre ta soumission
Jamais tes armes
Tu as été créé pour des moments peu communs
Modifie-toi disparais sans regret
Au gré de la rigueur suave
Quartier suivant quartier la liquidation du monde se poursuit
Sans interruption
Sans égarement

Essaime la poussière
Nul ne décèlera votre union.

ERSTE MÜHLE

GEMEINSAME GEGENWART

Es drängt dich zu schreiben
Als ob du mit dem Leben im Rückstand wärst
Wenn es so ist dann geh deinen Quellen nach
Eile dich
Eile dich weiterzugeben
Was dein ist an Wunder Wohltun und Rebellion

Wirklich du bist mit dem Leben im Rückstand
Dem unsäglichen Leben
Dem einzigen schließlich dem du dich vereinen magst
Das dir von Menschen und Dingen täglich verweigert wird
Von dem du mühsam hier und da ein paar magere Bruchstücke findest
Nach unerbittlichen Kämpfen
Sonst aber ist alles nur unterwürfige Agonie grober Zweck
Triffst du den Tod indes du dein Feld bestellst
So empfang ihn wie der feuchte Nacken das trockene Schweißtuch
    begrüßt
Willig dich beugend
Möchtest du lachen
So biete deine Ergebenheit an
Nie deine Waffen
Du bist für ungewöhnliche Augenblicke geschaffen
Wandle dich zieh dich klaglos zurück
Wie immer die sanfte Härte dich leitet
Weiter geht Stück für Stück der Totalausverkauf der Welt
Ununterbrochen
Unbeirrt

Streue den Staub nur aus
Keiner je enträtselt daß ihr eins seid.

DEHORS LA NUIT EST GOUVERNÉE (1938)

REMISE

Laissez filer les guides maintenant c'est la plaine
Il gèle à la frontière chaque branche l'indique
Un tournant va surgir prompt comme une fumée
Où flottera bonjour arqué comme une écharde
L'angoisse de faiblir sous l'écorce respire
Le couvert sera mis autour de la margelle
Des êtres bienveillants se porteront vers nous
La main à votre front sera froide d'étoiles
Et pas un souvenir de couteau sur les herbes

Non le bruit de l'oubli là serait tel
Qu'il corromprait la vertu du sang et de la cendre
Ligués à mon chevet contre la pauvreté
Qui n'entend que son pas n'admire que sa vue
Dans l'eau morte de son ombre.

SEULS DEMEURENT (1945)

L'ABSENT

Ce frère brutal mais dont la parole était sûre, patient au sacrifice, diamant et sanglier, ingénieux et secourable, se tenait au centre de tous les malentendus tel un arbre de résine dans le froid inalliable. Au bestiaire de mensonges qui le tourmentait de ses gobelins et de ses trombes il opposait son dos perdu dans le temps. Il venait à vous par des sentiers invisibles, favorisait l'audace écarlate, ne vous contrariait pas, savait sourire. Comme l'abeille quitte le verger pour le fruit déjà noir, les femmes soutenaient sans le trahir le paradoxe de ce visage qui n'avait pas des traits d'otage.

J'ai essayé de vous décrire ce compère indélébile que nous sommes quelques-uns à avoir fréquenté. Nous dormirons dans l'espérance,

DRAUSSEN DIE NACHT WIRD REGIERT

AUFSCHUB

Gebt die Zügel frei, hier ist Ebene.
An der Grenze liegt Frost, die Zweige verraten es.
Eine Biegung wird auftauchen jäh wie ein Rauch,
Worin ein krummes Willkomm wie ein Stachel treibt.
Es atmet die Angst vor Entkräftung unter der Rinde.
Bald muß man den Brunnenrand ringsum verschließen,
Gutwillige werden sich zu uns gesellen,
An eurer Stirne die Hand ist dann eisig von Sternen
Und auf den Gräsern keine Erinnrung an Messer.

Nein, da wäre solch Lärm des Vergessens,
Daß er die Kraft des Bluts und der Asche verdürbe,
Sie sinds, die auf meinem Kissen sich gegen die Armut verschworen,
Die nichts hört als den eigenen Schritt, nichts liebt als den eigenen
    Anblick
Im brackigen Wasser ihres eigenen Schattens.

ES BLEIBEN ABER

DER ABWESENDE

Dieser grobe Bruder, dessen Wort jedoch sicher war, geduldig beim Opfer, Diamant und Wildschwein, erfinderisch und hilfreich, stand im Zentrum aller Mißverständnisse wie ein Harzbaum in unlegierbarer Kälte. Dem Lügenbestiarium, das ihn quälte mit seinen Kobolden und Wirbelwinden, bot er seinen Rücken, der in der Zeit sich verlor. Er kam zu euch auf unsichtbaren Pfaden, nährte die scharlachrote Kühnheit, war euch nicht hinderlich, wußte zu lächeln. Wie die Biene den Garten verläßt, um der Frucht willen, die schon schwarz ist, ertrugen die Frauen, ohne es zu verraten, das Paradox dieses Gesichts, in dem kein Zug war von Bürgschaft.

    Ich habe versucht, euch diesen unverwüstlichen Burschen zu schil-

nous dormirons en son absence, puisque la raison ne soupçonne pas que ce qu'elle nomme, à la légère, absence, occupe le fourneau dans l'unité.

1939 – PAR LA BOUCHE DE L'ENGOULEVENT

Enfants qui cribliez d'olives le soleil enfoncé dans le bois de la mer, enfants, ô frondes de froment, de vous l'étranger se détourne, se détourne de votre sang martyrisé, se détourne de cette eau trop pure, enfants aux yeux de limon, enfants qui faisiez chanter le sel à votre oreille, comment se résoudre à ne plus s'éblouir de votre amitié? Le ciel dont vous disiez le duvet, la Femme dont vous trahissiez le désir, la foudre les a glacés.
  Châtiments! Châtiments!

ÉVADNÉ

L'été et notre vie étions d'un seul tenant
La campagne mangeait la couleur de ta jupe odorante
Avidité et contrainte s'étaient réconciliées
Le château de Maubec s'enfonçait dans l'argile
Bientôt s'effondrerait le roulis de sa lyre
La violence des plantes nous faisait vaciller
Un corbeau rameur sombre déviant de l'escadre
Sur le muet silex de midi écartelé
Accompagnait notre entente aux mouvements tendres
La faucille partout devait se reposer
Notre rareté commençait un règne
(Le vent insomnieux qui nous ride la paupière
En tournant chaque nuit la page consentie
Veut que chaque part de toi que je retienne
Soit étendue à un pays d'âge affamé et de larmier géant)

C'était au début d'adorables années
La terre nous aimait un peu je me souviens.

dern, den einige unter uns gut gekannt haben. Wir werden schlafen in Hoffnung, schlafen in seiner Abwesenheit, weil der Verstand gar nicht ahnt: das, was er leichthin als Abwesenheit bezeichnet, nimmt den Herd ein in der Gemeinschaft.

1939 – AUS DEM MUNDE DER NACHTSCHWALBE

Kinder, die ihr mit Oliven die Sonne durchbohrtet, die in den Wald des Meeres getauchte, Kinder, o Weizenschleudern, von euch wendet der Fremde sich ab, wendet sich ab von euerm gemarterten Blut, wendet sich ab von diesem zu klaren Wasser, Kinder mit fruchtbaren Augen, Kinder, die ihr an euerm Ohr das Salz zum Singen brachtet, wie sich entschließen, nicht mehr von eurer Freundschaft entzückt zu sein? Der Himmel, dessen Flaum eure Worte waren, die Frau, deren Lust ihr verrietet – der Blitz hat beide vereist.
  Strafe! Strafe!

EUADNE

Der Sommer und unser Leben wir waren aus einem Guß
Das Feld aß die Farbe deines duftenden Rockes
Gier und Zwang vertrugen sich wieder
Das Schloß Maubec sank in den Lehm
Gleich müßte das Wogen seiner Leier verfallen
Gewaltsame Pflanzen machten uns wanken
Ein Rabe dunkler Ruderer der vom Geschwader abkam
Auf dem stummen Kiesel des gevierteilten Mittags
Begleitete unsere sanft bewegliche Harmonie
Die Sichel mußte überall ausruhn
Unsere Seltenheit stieg auf den Thron
(Der schlaflose Wind der die Lider uns runzelt
Und jede Nacht die genehmigte Seite wendet
Will daß jede Faser von dir die ich zurückhalten möchte
Sich ausbreite auf ein Land in magerer Zeit mit riesigem Tränensack)

Das war am Anfang glorreicher Jahre
Ein wenig liebte die Erde uns ich erinnere mich.

LOUIS CUREL DE LA SORGUE

Sorgue qui t'avances derrière un rideau de papillons qui pétillent, ta faucille de doyen loyal à la main, la crémaillère du supplice en collier à ton cou, pour accomplir ta journée d'homme, quand pourrai-je m'éveiller et me sentir heureux au rythme modelé de ton seigle irréprochable ? Le sang et la sueur ont engagé leur combat qui se poursuivra jusqu'au soir, jusqu'à ton retour, solitude aux marges de plus en plus grandes. L'arme de tes maîtres, l'horloge des marées, achève de pourrir. La création et la risée se dissocient. L'air-roi s'annonce. Sorgue, tes épaules comme un livre ouvert propagent leur lecture. Tu as été, enfant, le fiancé de cette fleur au chemin tracé dans le rocher qui s'évadait par un frelon... Courbé, tu observes aujourd'hui l'agonie du persécuteur qui arracha à l'aimant de la terre la cruauté d'innombrables fourmis pour la jeter en millions de meurtriers contre les tiens et ton espoir. Écrase donc encore une fois cet œuf cancéreux qui résiste...

Il y a un homme à présent debout, un homme dans un champ de seigle, un champ pareil à un chœur mitraillé, un champ sauvé.

PARTAGE FORMEL*

III

Le poète transforme indifféremment la défaite en victoire, la victoire en défaite, empereur pré-natal seulement soucieux du recueil de l'azur.

LOUIS CUREL VON DER SORGUE

Sorgue, der du hervorkommst hinter einem Vorhang flimmernder Schmetterlinge, in der Hand deine redliche, erfahrene Sichel, den Kesselhaken der Qual als Kette an deinem Hals, um dein menschliches Tagewerk zu vollenden – wann kann ich erwachen und mich glücklich fühlen im geformten Rhythmus deines untadligen Roggens? Blut und Schweiß haben ihr Gefecht begonnen, das weitergehn wird bis zum Abend, bis zu deiner Rückkehr, Einsamkeit mit dem immer größeren Spielraum. Die Waffe deiner Herren, die Uhr von Ebbe und Flut, verwest vollends. Schöpfung und Spottgelächter trennen sich. Königsluft kündigt sich an. Sorgue, deine Schultern, wie ein offenes Buch, verbreiten ihre Lektüre. Du warst, als Kind, der Bräutigam dieser Blume mit dem im Felsen vorgezeichneten Weg, die mit der Hornisse entwich... Gebückt beobachtest du heute die Agonie des Verfolgers, der dem Magneten der Erde die Grausamkeit zahlloser Ameisen entriß, um sie als Millionen von Mördern gegen die Deinen und deine Hoffnung zu schleudern. Zerdrück doch noch einmal dies krebskranke Ei, das sich sträubt...

Es gibt einen Mann, nun aufrecht, einen Mann in einem Roggenfeld, einem Feld gleich einem zusammengeschossenen Chor, einem geretteten Feld.

UNANFECHTBARER ANTEIL*

III

Der Dichter verwandelt unterschiedslos die Niederlage in Sieg, den Sieg in Niederlage, Kaiser schon vor der Geburt, besorgt allein um die Ernte des Azurs.

---

* Einige sehr lange Fragmente-Gedichte werden hier auszugsweise abgedruckt und mit einem * gekennzeichnet.

VII

Le poète doit tenir la balance égale entre le monde physique de la veille et l'aisance redoutable du sommeil, les lignes de la connaissance dans lesquelles il couche le corps subtil du poème, allant indistinctement de l'un à l'autre de ces états différents de la vie.

X

Il convient que la poésie soit inséparable du prévisible, mais non encore formulé.

XXI

En poésie c'est seulement à partir de la communication et de la libre disposition de la totalité des choses entre elles à travers nous que nous nous trouvons engagés et définis, à même d'obtenir notre forme originale et nos propriétés probatoires.

XXVIII

Le poète est l'homme de la stabilité unilatérale.

XXX

Le poème est l'amour réalisé du désir demeuré désir.

XLI

Dans le poète deux évidences sont incluses: la première livre d'emblée tout son sens sous la variété des formes dont le réel extérieur dispose; elle est rarement creusante, est seulement pertinente; la seconde se trouve insérée dans le poème, elle dit le commandement et l'exégèse des dieux puissants et fantasques qui habitent le poète, évidence indurée qui ne se flétrit ni ne s'éteint. Son hégémonie est attributive. Prononcée, elle occupe une étendue considérable.

VII

Wahren muß der Dichter das völlige Gleichgewicht zwischen der physischen Welt des Wachseins und der furchtbaren Leichtheit des Schlafes, den Linien der Erkenntnis, in die er den zarten Leib des Gedichtes bettet – und geht dabei zwischen diesen gegensätzlichen Lebenszuständen von einem zum andern, unterschiedslos.

X

Die Dichtung soll nicht zu trennen sein vom schon Erkennbaren, aber noch nicht Formulierten.

XXI

In der Dichtung, und dort nur auf Grund der Verbindung und freien Anordnung aller Dinge untereinander durch uns hindurch, finden wir Verpflichtung und Definition, um unsre ursprüngliche Form und bewährte Eigenart zu erreichen.

XXVIII

Der Dichter ist der Mann einseitiger Stabilität.

XXX

Das Gedicht ist die verwirklichte Liebe der Sehnsucht, die Sehnsucht blieb.

XLI

Der Dichter trägt in sich zwei Arten von Evidenz: die eine gibt sogleich all ihren Sinn preis in der Vielfalt der Formen, die der äußeren Wirklichkeit hörig sind; sie schürft selten tief, sie ist bloß treffend; die andre ist ins Gedicht eingeflossen, sie kündet Gebot und Auslegung der mächtigen, launischen Götter, die den Dichter bewohnen, verhärtete Evidenz, die nicht welkt noch erlischt. Ihre Hegemonie ist ihr Merkmal. Kundgemacht einmal, nimmt sie beträchtlichen Raum ein.

XLV

Le poète est la genèse d'un être qui projette et d'un être qui retient. À l'amant il emprunte le vide, à la bien-aimée la lumière. Ce couple formel, cette double sentinelle lui donnent pathétiquement sa voix.

XLVI

Inexpugnable sous sa tente de cyprès, le poète, pour se convaincre et se guider, ne doit pas craindre de se servir de toutes les clefs accourues dans sa main. Cependant il ne doit pas confondre une animation de frontières avec un horizon révolutionnaire.

XLVIII

Le poète recommande: »Penchez-vous, penchez-vous davantage.« Il ne sort pas toujours indemne de sa page, mais comme le pauvre il sait tirer parti de l'éternité d'une olive.

XLIX

À chaque effondrement des preuves le poète répond par une salve d'avenir.

LIV

Debout, croissant dans la durée, le poème, mystère qui intronise. À l'écart, suivant l'allée de la vigne commune, le poète, grand Commenceur, le poète intransitif, quelconque en ses splendeurs intraveineuses, le poète tirant le malheur de son propre abîme, avec la Femme à son côté s'informant du raisin rare.

XLV

Der Dichter ist das Werden eines Wesens, das vorstößt, und eines Wesens, das innehält. Vom Liebenden borgt er die Leere, von der Geliebten das Licht. Dieses erklärte Paar, dieser Doppelposten, gibt ihm feierlich seine Stimme.

XLVI

Der Dichter, unüberwindlich unter seinem Zypressenzelt, darf sich nicht scheuen, um Klarheit zu finden und um sich zu leiten, die Schlüssel alle zu nützen, die in seine Hand gerieten. Er darf jedoch nicht die Belebung einiger Grenzen mit einem revolutionären Horizont verwechseln.

XLVIII

Der Dichter rät: »Beugt euch, beugt euch noch mehr.« Wohl tritt er nicht immer schadlos aus seiner Buchseite vor, doch wie der Arme, so weiß er auszukosten die Ewigkeit einer Olive.

XLIX

Auf jeden Zusammenbruch der Beweise antwortet der Dichter mit einer Salve Zukunft.

LIV

Aufrecht in der Dauer wächst das Gedicht, Geheimnis, das inthronisiert. Abseits folgt der Dichter der Allee des gemeinsamen Weinbergs, er, der große Beginner, der intransitive Dichter, ein Irgendjemand im Leuchten seines Geäders, der Dichter, der das Unglück aus dem eigenen Abgrund hebt, mit der Frau an der Seite, die ihn fragt nach der seltenen Traube.

FEUILLETS D'HYPNOS (1943–1944)*

À Albert Camus

*Hypnos saisit l'hiver et le vêtit de granit.
L'hiver se fit sommeil et Hypnos devint
feu. La suite appartient aux hommes.*

4

Être stoïque, c'est se figer, avec les beaux yeux de Narcisse. Nous avons recensé toute la douleur qu'éventuellement le bourreau pouvait prélever sur chaque pouce de notre corps; puis le cœur serré, nous sommes allés et avons fait face.

16

L'intelligence avec l'ange, notre primordial souci.
  (Ange, ce qui, à l'intérieur de l'homme, tient à l'écart du compromis religieux, la parole du plus haut silence, la signification qui ne s'évalue pas. Accordeur de poumons qui dore les grappes vitaminées de l'impossible. Connaît le sang, ignore le céleste. Ange: la bougie qui se penche au nord du cœur.)

22

AUX PRUDENTS: *Il neige sur le maquis et c'est contre nous chasse perpétuelle. Vous dont la maison ne pleure pas, chez qui l'avarice écrase l'amour, dans la succession des journées chaudes, votre feu n'est qu'un garde-malade. Trop tard. Votre cancer a parlé. Le pays natal n' a plus de pouvoirs.*

HYPNOS
AUFZEICHNUNGEN AUS DEM MAQUIS
(1943–1944)*

Für Albert Camus

> Hypnos ergriff den Winter und kleidete ihn in Granit. Der Winter wurde zu Schlaf, Hypnos zu Feuer. Das Weitere ist Sache der Menschen.

4

Stoisch sein heißt erstarren, erstarren mit den schönen Augen des Narziß. Wir haben den Schmerz errechnet, den der Henker jedem Zoll unseres Körpers abgewinnen könnte; dann gingen wir hin, gepreßten Herzens, und standen dagegen.

16

Einverständnis mit dem Engel, unsere allererste Sorge.

(Der Engel: dasjenige, das im Innern des Menschen das vom erhabensten Schweigen gesprochene Wort, die keinerlei Wertung unterliegende Bedeutung freihält von allem Zugeständnis an das Religiöse. Der Lungen-Stimmer, der die nährenden Reben des Unmöglichen übergoldet. Kennt das Blut, weiß nichts von Himmelsdingen. Der Engel: die im Norden des Herzens sich neigende Kerze.)

22

DEN VORSICHTIGEN: Es fällt Schnee im Maquis, und es wird Jagd gemacht auf uns, unausgesetzt. Ihr in euren tränenlosen Häusern, mit eurem alle Liebe erstickenden Geiz darin, eurem warmen Tagaus-und-Tagein: euer Feuer ist ein Krankenwärter, sonst nichts. Zu spät. Der Krebs in euch hat gesprochen. Die Heimat hat keinerlei Macht mehr.

62

Notre héritage n'est précédé d'aucun testament.

82

Sobres amandiers, oliviers batailleurs et rêveurs, sur l'éventail du crépuscule, postez notre étrange santé.

83

Le poète, conservateur des infinis visages du vivant.

104

Les yeux seuls sont encore capables de pousser un cri.

111

La lumière a été chassée de nos yeux. Elle est enfouie quelque part dans nos os. À notre tour nous la chassons pour lui restituer sa couronne.

131

À tous les repas pris en commun, nous invitons la liberté à s'asseoir. La place demeure vide mais le couvert reste mis.

62

Unserer Erbschaft ist keinerlei Testament vorausgegangen.

82

Ihr schlichten Mandelbäume, ihr rauflustigen und träumerischen Ölbäume: dort, vor der aufgefächerten Dämmerung, pflanzt unsere seltsame Gesundheit auf.

83

Der Dichter als der die unendlichen Gesichter des Lebendigen Bewahrende.

104

Nur noch die Augen sind fähig, einen Schrei auszustoßen.

111

Das Licht ist aus unseren Augen verjagt worden. Irgendwo in unseren Knochen ist es vergraben. Und nun verjagen wir es, um ihm seine Krone zurückzugeben.

131

Bei jedem gemeinsamen Mahl bitten wir die Freiheit an unsern Tisch. Der Platz bleibt leer, aber das Gedeck liegt bereit.

138

Horrible journée! J'ai assisté, distant de quelque cent mètres, à l'exécution de B. Je n'avais qu'à presser sur la gâchette du fusil-mitrailleur et il pouvait être sauvé! Nous étions sur les hauteurs dominant Céreste, des armes à faire craquer les buissons et au moins égaux en nombre aux SS. Eux ignorant que nous étions là. Aux yeux qui imploraient partout autor de moi le signal d'ouvrir le feu, j'ai répondu non de la tête... Le soleil de juin glissait un froid polaire dans mes os.

Il est tombé comme s'il ne distinguait pas ses bourreaux et si léger, il m'a semblé, que le moindre souffle de vent eût dû le soulever de terre.

Je n'ai pas donné le signal parce que ce village devait être épargné à tout prix. Qu'est-ce qu'un village? Un village pareil à un autre? Peut-être l'a-t-il su, à cet ultime instant?

141

La contre-terreur c'est ce vallon que peu à peu le brouillard comble, c'est le fugace bruissement des feuilles comme un essaim de fusées engourdies, c'est cette pesanteur bien répartie, c'est cette circulation ouatée d'animaux et d'insectes tirant mille traits sur l'écorce tendre de la nuit, c'est cette graine de luzerne sur la fossette d'un visage caressé, c'est cet incendie de la lune qui ne sera jamais un incendie, c'est un lendemain minuscule dont les intentions nous sont inconnues, c'est un buste aux couleurs vives qui s'est plié en souriant, c'est l'ombre, à quelques pas, d'un bref compagnon accroupi qui pense que le cuir de sa ceinture va céder... Qu'importent alors l'heure et le lieu où le diable nous a fixé rendez-vous!

138

Entsetzlicher Tag! Ich habe, aus wenigen hundert Meter Entfernung, der Hinrichtung von B. zugesehen. Ein Druck auf den Abzug meiner Maschinenpistole, und er hätte gerettet werden können! Wir waren auf der Anhöhe oberhalb Céreste, die Büsche strotzten von Waffen, an Zahl waren wir der SS mindestens ebenbürtig. Die zudem nichts von unserem Vorhandensein ahnte. Den Augen ringsum, die um das Signal, das Feuer zu eröffnen, flehten, antwortete ich mit einem Kopfschütteln... Die Junisonne fuhr mir eisig in die Knochen.

Er fiel, als habe er seine Mörder gar nicht gesehen; und so leicht, schien mir, als hätte der leiseste Hauch ihn vom Boden hinwegheben können.

Ich habe das Signal nicht gegeben, weil das Dorf *um jeden Preis* verschont bleiben mußte. Ein Dorf – was ist das? Ein Dorf wie jedes andere auch? Vielleicht hat er das gewußt in diesem letzten Augenblick?

141

Der Gegenterror: das ist jenes kleine Tal, das sich nach und nach mit Nebel füllt, jenes flüchtige, einem Schwarm klammer Raketen gleichende Knistern der Blätter; jene wohlverteilte Schwerkraft; jenes lautlose Umher der Tiere und der Käfer, die mit tausend Pfeilen nach der weichen Rinde der Nacht zielen; jenes Luzernenkorn im Wangengrübchen des liebkosten Gesichts; jenes Feuer des Mondes, das nie eine Feuersbrunst sein wird; jenes winzige Morgen mit seinen uns unbekannten Absichten; jener lächelnd sich bückende Körper im farbenfrohen Kleid; der ein paar Schritte von dir entfernte Schatten dessen, der für kurze Augenblicke dein Gefährte ist, der dort kauert und sich fragt, ob das Leder seines Gurtes auch hält... Was liegt dann daran, wo und wann der Teufel sich mit uns verabredet hat!

155

J'aime ces êtres tellement épris de ce que leur cœur imagine la liberté qu'ils s'immolent pour éviter au peu de liberté de mourir. Merveilleux mérite du peuple. (Le libre arbitre n'existerait pas. L'être se définirait par rapport à ses cellules, à son hérédité, à la course brève ou prolongée de son destin... Cependant il existe entre tout cela *et l'Homme une enclave d'inattendus et de métamorphoses dont il faut défendre l'accès et assurer le maintien.)*

157

Nous sommes tordus de chagrin à l'annonce de la mort de Robert G. (Émile Cavagni), tué dans une embuscade à Forcalquier, dimanche. Les Allemands m'enlèvent mon meilleur frère d'action, celui dont le coup de pouce faisait dévier les catastrophes, dont la présence ponctuelle avait une portée déterminante sur les défaillances possibles de chacun. Homme sans culture théorique mais grandi dans les difficultés, d'une bonté au beau fixe, son diagnostic était sans défaut. Son comportement était instruit d'audace attisante et de sagesse. Ingénieux, il menait ses avantages jusqu'à leur extrême conséquence. Il portait ses quarante-cinq ans verticalement, tel un arbre de la liberté. Je l'aimais sans effusion, sans pesanteur inutile. Inébranlablement.

168

Résistance n'est qu'espérance. Telle la lune d'Hypnos, pleine cette nuit de tous ses quartiers, demain vision sur le passage des poèmes.

155

Ich liebe sie, diese Menschen, die das von ihren Herzen als Freiheit Imaginierte so glühend lieben, daß sie in den Tod gehen, um das bißchen Freiheit vor dem Sterben zu bewahren. Wunderbares Verdienst der Menschen aus dem Volke. (Mag sein, daß es keine Willensfreiheit gibt. Mag sein, daß man, um das Wesen des Menschen zu definieren, von Begriffen wie Zelle und Erbmasse ausgehen, daß man dem kürzeren oder längeren Ablauf seines Schicksals Rechnung tragen muß... Dennoch besteht zwischen *alldem* und dem Menschen eine Enklave der Unvorhersehbarkeiten und der Metamorphosen, die es zu verteidigen und aufrechtzuerhalten gilt.)

157

Zusammengekrampft vor Kummer, als man uns den Tod von Robert G. (Émile Cavagni) meldet. Sie haben ihn in einen Hinterhalt gelockt, bei Forcalquier, letzten Sonntag. Die Deutschen rauben mir den besten Gefährten, denjenigen, der mit einem bloßen Druck seines Daumens die Katastrophen abwandte, dessen Gegenwart und Zur-Stelle-Sein von entscheidendem Einfluß war, wenn irgendeiner zu versagen drohte. Ein Mann ohne theoretische Bildung, aber großgeworden unter Schwierigkeiten, von einer Güte, die immer auf beständig stand, unfehlbar in seinen Diagnosen. In seinem Verhalten hatten sich befeuernde Kühnheit und kluge Umsicht zusammengefunden. Voller Einfälle, trieb er seinen Vorteil bis zu dessen äußerster Konsequenz vor. Seine fünfundvierzig Jahre trug er aufrecht wie ein Freiheitsbaum. In meiner Liebe zu ihm war nichts Überschwengliches, nichts, das zu schwer wiegen konnte. Sie war unerschütterliches Zu-ihm-Stehen.

168

Widerstand ist nichts als Hoffnung. Wie der Mond über Hypnos: voll heute nacht in jedem seiner Viertel, morgen Vision über ziehenden Gedichten.

178

La reproduction en couleurs du ›Prisonnier‹ de Georges de la Tour, que j'ai piquée sur le mur de chaux de la pièce où je travaille, semble, avec le temps, réfléchir son sens dans notre condition. Elle serre le cœur mais combien désaltère! Depuis deux ans, pas un réfractaire qui n'ait, passant la porte, brûlé ses yeux aux preuves de cette chandelle. La femme explique, l'emmuré écoute. Les mots qui tombent de cette terrestre silhouette d'ange rouge sont des mots essentiels, des mots qui portent immédiatement secours. Au fond du cachot, les minutes de suif de la clarté tirent et diluent les traits de l'homme assis. Sa maigreur d'ortie sèche, je ne vois pas un souvenir pour la faire frissonner. L'écuelle est une ruine. Mais la robe gonflée emplit soudain tout le cachot. Le Verbe de la femme donne naissance à l'inespéré mieux que n'importe quelle aurore.

Reconnaissance à Georges de la Tour qui maîtrisa les ténèbres hitlériennes avec un dialogue d'êtres humains.

184

Guérir le pain. Attabler le vin.

228

Pour qui œuvrent les martyrs? La grandeur réside dans le départ qui oblige. Les êtres exemplaires sont de vapeur et de vent.

235

L'angoisse, squelette et cœur, cité et forêt, ordure et magie, intègre désert, illusoirement vaincue, victorieuse, muette, maîtresse de la parole, femme de tout homme, ensemble, et Homme.

237

Dans nos ténèbres, il n'y a pas une place pour la Beauté. Toute la place est pour la Beauté.

178

Die farbige Reproduktion des ›Gefangenen‹ von Georges de la Tour, die ich an die weißgetünchte Wand des Raumes geheftet habe, in dem ich arbeite: je mehr die Zeit verstreicht, desto stärker scheint sie ihren Sinn auf unsere Lage zurückzustrahlen. Sie schnürt das Herz zusammen, gewiß, doch wie löscht sie den Durst! Kein einziger Widerstandskämpfer seit zwei Jahren, der, zur Tür hereingekommen, sich nicht die Augen verbrannt hätte an den Beweisen dieser Kerze. Die Frau erklärt, der Ummauerte lauscht. Die Worte, die von dieser irdischen Engelsgestalt herabfallen, sind die wesentlichen, unverzüglich bringen sie Hilfe. Die Züge des in der Tiefe des Kerkers Sitzenden: die Talgminuten des Lichts dehnen sie, lassen sie verfließen. Der Mann ist ausgetrocknet wie eine welke Nessel – keine Erinnerung, bei der er erschauern könnte. Die Schüssel ist eine Ruine. Aber das gebauschte Kleid füllt plötzlich den ganzen Kerker aus. Das WORT der Frau setzt das Unverhoffte in die Welt – keine Morgenröte, die es ihr hierin zuvortun könnte.

Dank sei Georges de la Tour, der die Hitlernacht bezwang mit einem Gespräch von Menschen!

184

Das Brot heilen. Den Wein an den Tisch bringen.

228

Für wen wirken die Märtyrer? Größe besteht in verpflichtendem Aufbrechen. Die Beispielhaften sind aus Dunst und Wind.

235

Angst: Skelett und Herz; Stadt und Wald; Kot und Magie; unbeschreitbare Wüste; in der Einbildung bloß besiegt; siegreich, stumm; Herrin der Worte; Frau eines jeden und aller; und Mensch.

237

In unserem Dunkel: nicht *einen* Platz hat die Schönheit darin. Der ganze Platz ist ihr, der Schönheit, zugedacht.

LES LOYAUX ADVERSAIRES (1947)

LE THOR

Dans le sentier aux herbes engourdies où nous nous étonnions, enfants, que la nuit se risquât à passer, les guêpes n'allaient plus aux ronces et les oiseaux aux branches. L'air ouvrait aux hôtes de la matinée sa turbulente immensité. Ce n'étaient que filaments d'ailes, tentation de crier, voltige entre lumière et transparence. Le Thor s'exaltait sur la lyre de ses pierres. Le Mont Ventoux, miroir des aigles, était en vue.

Dans le sentier aux herbes engourdies, la chimère d'un âge perdu souriait à nos jeunes larmes.

PÉNOMBRE

J'étais dans une de ces forêts où le soleil n'a pas accès mais où, la nuit, les étoiles pénètrent. Ce lieu n'avait le permis d'exister, que parce que l'inquisition des États l'avait négligé. Les servitudes abandonnées me marquaient leur mépris. La hantise de punir m'était retirée. Par endroit, le souvenir d'une force caressait la fugue paysanne de l'herbe. Je me gouvernais sans doctrine, avec une véhémence sereine. J'étais l'égal de choses dont le secret tenait sous le rayon d'une aile. Pour la plupart, l'essentiel n'est jamais né et ceux qui le possèdent ne peuvent l'échanger sans se nuire. Nul ne consent à perdre ce qu'il a conquis à la pointe de sa peine! Autrement ce serait la jeunesse et la grâce, source et delta auraient la même pureté.

J'étais dans une de ces forêts où le soleil n'a pas accès mais où, la nuit, les étoiles pénètrent pour d'implacables hostilités.

EHRLICHE GEGNER

LE THOR

Auf dem Pfad voll erstarrter Gräser, auf dem wir als Kinder uns wunderten, daß die Nacht hier vorbeizuziehn wagte, gingen die Wespen nicht mehr an die Brombeeren, die Vögel nicht mehr auf die Zweige. Die Luft öffnete den Gästen der Frühe ihre tosende Weite. Da waren nur Fasern von Flügeln, Versuchung zu schreien, Seiltanz zwischen Licht und Durchsichtigkeit. Le Thor entzückte sich auf der Leier seiner Steine. Der Mont Ventoux, Spiegel der Adler, war in Sicht.

Auf dem Pfad voll erstarrter Gräser lächelte die Chimäre der verlorenen Jahre unseren jungen Tränen zu.

HALBSCHATTEN

Ich war in einem dieser Wälder, zu denen die Sonne keinen Zugang hat, in die aber des Nachts die Sterne eindringen. Dieser Ort durfte nur deshalb bestehen, weil die staatliche Inquisition ihn übersah. Die abgeschüttelten Sklavendienste wiesen mir ihre Verachtung. Der quälende Zwang zu strafen war mir erlassen. Hier und da liebkoste die Erinnerung an eine Kraft die ländliche Fuge des Grases. Ich lenkte mich ohne Doktrin, mit gelassenem Ungestüm. Ebenbürtig war ich den Dingen, deren Geheimnis sich unter der Spannweite eines Flügels verbarg. Ungeboren bleibt für die meisten das Wesentliche, und die es besitzen, können es nicht austauschen, ohne Schaden zu nehmen. Niemand erklärt sich bereit, das zu verlieren, was er sich mit blanker Mühe erkämpft hat. Sonst wäre die Zeit der Jugend und Anmut da, Quelle und Delta hätten dieselbe Reinheit.

Ich war in einem dieser Wälder, zu denen die Sonne keinen Zugang hat, in die aber des Nachts die Sterne eindringen zu unversöhnlicher Feindschaft.

LE POÈME PULVÉRISÉ (1947)

ARGUMENT

Comment vivre sans inconnu devant soi?

Les hommes d'aujourd'hui veulent que le poème soit à l'image de leur vie, faite de si peu d'égards, de si peu d'espace et brûlée d'intolérance.

Parce qu'il ne leur est plus loisible d'agir suprêmement, dans cette préoccupation fatale de se détruire par son semblable, parce que leur inerte richesse les freine et les enchaîne, les hommes d'aujourd'hui, l'instinct affaibli, perdent, tout en se gardant vivants, jusqu'à la poussière de leur nom.

Né de l'appel du devenir et de l'angoisse de la rétention, le poème, s'élevant de son puits de boue et d'étoiles, témoignera presque silencieusement, qu'il n'était rien en lui qui n'existât vraiment ailleurs, dans ce rebelle et solitaire monde des contradictions.

J'HABITE UNE DOULEUR

Ne laisse pas le soin de gouverner ton cœur à ces tendresses parentes de l'automne auquel elles empruntent sa placide allure et son affable agonie. L'œil est précoce à se plisser. La souffrance connaît peu de mots. Préfère te coucher sans fardeau: tu rêveras du lendemain et ton lit te sera léger. Tu rêveras que ta maison n'a plus de vitres. Tu es impatient de t'unir au vent, au vent qui parcourt une année en une nuit. D'autres chanteront l'incorporation mélodieuse, les chairs qui ne personnifient plus que la sorcellerie du sablier. Tu condamneras la gratitude qui se répète. Plus tard, on t'identifiera à quelque géant désagrégé, seigneur de l'impossible.

Pourtant.

Tu n'as fait qu'augmenter le poids de ta nuit. Tu es retourné à la pêche aux murailles, à la canicule sans été. Tu es furieux contre ton amour au centre d'une entente qui s'affole. Songe à la maison parfaite que tu ne verras jamais monter. À quand la récolte de l'abîme? Mais tu as crevé les yeux du lion. Tu crois voir passer la beauté au-dessus des lavandes noires...

DAS PULVERISIERTE GEDICHT

ARGUMENT

Wie leben, ohne vor sich ein Unbekanntes?

Die Menschen von heute wollen, daß das Gedicht nach dem Bild ihres Lebens gemacht sei, so arm an Rücksicht, so arm an Raum und verbrannt von Unduldsamkeit.

Weil es ihnen nicht mehr erlaubt ist, im höchsten Sinne zu handeln, bei ihrem verhängnisvollen Hang, sich durch ihresgleichen zu zerstören, weil ihr träger Reichtum sie hemmt und fesselt, verlieren die Menschen von heute, mit geschwächtem Instinkt, obwohl sie sich am Leben erhalten, selbst den Staub ihres Namens.

Geboren aus dem Anruf des Werdens und der Angst vor dem Einbehalt, erhebt sich das Gedicht aus seinem Brunnen von Schlamm und Sternen und bezeugt beinah schweigend, daß nichts in ihm war, was nicht wahrhaftig anderswo existiert hat, in dieser rebellischen und einsamen Welt der Widersprüche.

ICH WOHNE IN EINEM SCHMERZ

Überlaß die Sorge, dein Herz zu lenken, nicht diesen Zärtlichkeiten, die dem Herbst verwandt sind, von dem sie ihr sanftes Gebaren leihen und ihre freundliche Agonie. Zu früh wird das Auge faltig. Das Leiden kennt wenig Worte. Geh lieber ohne Bürde schlafen: dann träumst du von morgen, und dein Bett ist dir leicht. Dann träumst du, daß dein Haus keine Scheiben mehr hat. Du bist ungeduldig, dich mit dem Wind zu vereinen, dem Wind, der ein Jahr durcheilt während einer Nacht. Andere werden besiegen, was sich melodisch verkörpert, das Fleisch, das nur noch die Hexerei der Sanduhr darstellt. Dann verwirfst du die Dankbarkeit, die sich wiederholt. Später hält man dich für einen zerbröckelten Riesen, Herrn des Unmöglichen.

Trotzdem.

Du hast deine Nacht nur schwerer gemacht. Du bist zurückgekehrt zum Fischzug im Mauerwerk, zum Hundsstern ohne Sommer. Du wütest gegen deine Liebe inmitten leidenschaftlicher Harmonie. Denke an das vollkommene Haus, das niemals vor deinem Blick erstehn wird.

Qu'est-ce qui t'a hissé, une fois encore, un peu plus haut, sans te convaincre?

Il n'y a pas de siège pur.

AFFRES, DÉTONATION, SILENCE

Le Moulin du Calavon. Deux années durant, une ferme de cigales, un château de martinets. Ici tout parlait torrent, tantôt par le rire, tantôt par les poings de la jeunesse. Aujourd'hui, le vieux réfractaire faiblit au milieu de ses pierres, la plupart mortes de gel, de solitude et de chaleur. À leur tour les présages se sont assoupis dans le silence des fleurs. Roger Bernard: l'horizon des monstres était trop proche de sa terre.

Ne cherchez pas dans la montagne; mais si, à quelques kilomètres de là, dans les gorges d'Oppedette, vous rencontrez la foudre au visage d'écolier, allez à elle, oh, allez à elle et souriez-lui car elle doit avoir faim, faim d'amitié.

JACQUEMARD ET JULIA

Jadis l'herbe, à l'heure où les routes de la terre s'accordaient dans leur déclin, élevait tendrement ses tiges et allumait ses clartés. Les cavaliers du jour naissaient au regard de leur amour et les châteaux de leurs bien-aimées comptaient autant de fenêtres que l'abîme porte d'orages légers.

Jadis l'herbe connaissait mille devises qui ne se contrariaient pas. Elle était la providence des visages baignés de larmes. Elle incantait les animaux, donnait asile à l'erreur. Son étendue était comparable au ciel qui a vaincu la peur du temps et allégi la douleur.

Jadis l'herbe était bonne aux fous et hostile au bourreau. Elle convolait avec le seuil de toujours. Les jeux qu'elle inventait avaient des ailes à leur sourire (jeux absous et également fugitifs). Elle n'était dure pour aucun de ceux qui perdant leur chemin souhaitent le perdre à jamais.

Wann die Ernte des Abgrunds? Aber du hast dem Löwen die Augen ausgestochen. Du glaubst, die Schönheit vorbeigehn zu sehn über schwarzem Lavendel...

Was hat dich aufgehißt, einmal noch, ein wenig höher, und hat dich nicht überführt?

Es gibt keinen Sitz, der rein ist.

ANGST, DETONATION, STILLE

Die Mühle von Calavon. Zwei Jahre lang ein Zikadengehöft, eine Feste der Mauersegler. Hier redete alles als Sturzbach, bald mit Gelächter, bald mit den Fäusten der Jugend. Heute liegt der alte Rebell erschöpft inmitten seiner Steine, die größtenteils tot sind vor Kälte, Einsamkeit, Hitze. Dann sind auch die Vorzeichen eingeschlummert im Schweigen der Blumen.
Roger Bernard: der Horizont der Ungeheuer war seiner Erde zu nahe.

Sucht nicht im Gebirge; doch wenn ihr, ein paar Kilometer weiter, in den Schluchten von Oppedette, die Flamme des Blitzes mit dem Gesicht eines Schuljungen trefft, geht zu ihr, o geht zu ihr und lächelt sie an, denn sie muß Hunger haben, Hunger nach Freundschaft.

JACQUEMARD UND JULIA

Ehemals hob das Gras, zur Stunde, da die Wege der Erde verdämmernd zusammenklangen, zart seine Halme und entzündete seine Lichter. Die Reiter des Tages wurden unter dem Blick ihrer Liebe geboren, und die Burgen ihrer Geliebten zählten so viele Fenster, wie der Abgrund leichte Gewitter birgt.

Ehemals kannte das Gras tausend Wahlsprüche, die sich nicht widersprachen. Es war der Schutzengel der von Tränen nassen Gesichter. War Zauber über die Tiere, bot dem Irrtum Zuflucht. Seine Weite war dem Himmel vergleichbar, der die Angst der Zeit besiegt und den Schmerz erleichtert hat.

Ehemals war das Gras den Narren gut und dem Henker feind. Es vermählte sich mit der Schwelle des Währenden. Die Spiele, die es erfand, hatten Flügel an ihrem Lächeln (freigesprochne und flüchtige

Jadis l'herbe avait établi que la nuit vaut moins que son pouvoir, que les sources ne compliquent pas à plaisir leur parcours, que la graine qui s'agenouille est déjà à demi dans le bec de l'oiseau. Jadis, terre et ciel se haïssaient mais terre et ciel vivaient.

L'inextinguible sécheresse s'écoule. L'homme est un étranger pour l'aurore. Cependant à la poursuite de la vie qui ne peut être encore imaginée, il y a des volontés qui frémissent, des murmures qui vont s'affronter et des enfants sains et saufs qui découvrent.

LE BULLETIN DES BAUX

Ta dictée n'a ni avènement ni fin. Souchetée seulement d'absences, de volets arrachés, de pures inactions.

Juxtapose à la fatalité la résistance à la fatalité. Tu connaîtras d'étranges hauteurs.

La beauté naît du dialogue, de la rupture du silence et du regain de ce silence. Cette pierre qui t'appelle dans son passé est libre. Cela se lit aux lignes de sa bouche.

La durée que ton cœur réclame existe ici en dehors de toi.

Oui et non, heure après heure, se réconcilient dans la superstition de l'histoire. La nuit et la chaleur, le ciel et la verdure se rendent invisibles pour être mieux sentis.

Les ruines douées d'avenir, les ruines incohérentes avant que tu n'arrives, homme comblé, vont de leurs parcelles à ton amour. Ainsi se voit promise et retirée à ton irritable maladresse la rose qui ferme le royaume.

La graduelle présence du soleil désaltère la tragédie. Ah! n'appréhende pas de renverser ta jeunesse.

Spiele, eins wie das andre). Es war für keinen von denen hart, die ihren Weg verlieren und dabei wünschen, ihn zu verlieren für je.

Ehemals hatte das Gras bestimmt, daß mehr als die Nacht seine Kräfte gelten, die Quellen ihren Lauf nicht mutwillig verwirren, das Körnchen, das hinkniet, schon halb im Schnabel des Vogels ist. Ehemals haßten sich Erde und Himmel, aber Erde und Himmel lebten.

Die unauslöschliche Dürre verströmt. Der Mensch ist dem Frührot ein Fremder. Doch auf der Jagd einem Leben nach, das noch nicht vorstellbar ist, gibt es bebenden Willen, Geflüster, die einander Trotz bieten, und Kinder, gesund und munter, die *entdecken*.

DER BERICHT VON LES BAUX

Dein Diktat hat weder Anfang noch Ende. Wurzelnd allein in Leere, ausgerissenen Fensterläden, reiner Untätigkeit.

Neben das Verhängnis stelle den Widerstand gegen das Verhängnis. Seltsame Höhen wirst du kennenlernen.

Die Schönheit entspringt dem Zwiegespräch, dem Brechen des Schweigens und dem Wiederaufblühen des Schweigens. Dieser Stein, der dich in seine Vergangenheit ruft, ist frei. Man liest es in den Linien seines Mundes.

Die Dauer, nach der dein Herz verlangt, ist hier, dir gegenüber.

Ja und Nein versöhnen sich Stunde auf Stunde im Aberglauben der Geschichte. Nacht und Hitze, Himmel und Laub machen sich unsichtbar, um besser empfunden zu werden.

Ruinen, zukunftsträchtig, Ruinen, zusammenhanglos, ehe du kommst, erfüllter Mensch, reichen von ihren Bruchstücken bis zu deiner Liebe. So sieht sie sich deinem reizbaren Ungeschick verlobt und entzogen: die Rose, die das Königtum abschließt.

Die stufenweise Gegenwart der Sonne stillt die Tragödie. Ach, scheue dich nicht, deine Jugend zu stürzen.

LE REQUIN ET LA MOUETTE

Je vois enfin la mer dans sa triple harmonie, la mer qui tranche de son croissant la dynastie des douleurs absurdes, la grande volière sauvage, la mer crédule comme un liseron.

Quand je dis : j'ai levé la loi, j'ai franchi la morale, j'ai maillé le cœur, ce n'est pas pour me donner raison devant ce pèse-néant dont la rumeur étend sa palme au delà de ma persuasion. Mais rien de ce qui m'a vu vivre et agir jusqu'ici n'est témoin alentour. Mon épaule peut bien sommeiller, ma jeunesse accourir. C'est de cela seul qu'il faut tirer richesse immédiate et opérante. Ainsi, il y a un jour de pur dans l'année, un jour qui creuse sa galerie merveilleuse dans l'écume de la mer, un jour qui monte aux yeux pour couronner midi. Hier la noblesse était déserte, le rameau était distant de ses bourgeons. Le requin et la mouette ne communiquaient pas.

O Vous, arc-en-ciel de ce rivage polisseur, approchez le navire de son espérance. Faites que toute fin supposée soit une neuve innocence, un fièvreux en-avant pour ceux qui trébuchent dans la matinale lourdeur.

À LA SANTÉ DU SERPENT*

I

Je chante la chaleur à visage de nouveau-né, la chaleur désespérée.

II

Au tour du pain de rompre l'homme, d'être la beauté du point du jour.

DER HAI UND DIE MÖWE

Endlich sehe ich das Meer in seiner dreifachen Harmonie, das Meer, das mit seinem Halbmond die Dynastie der absurden Schmerzen mäht, den großen wilden Vogelkäfig, das Meer, leichtgläubig wie eine Ackerwinde.

Wenn ich sage: *das Gesetz hab ich aufgehoben, die Moral überwunden, dem Herzen Raum verschafft*, dann nicht, um mir recht zu geben vor dieser Waage des Nichts, deren Getös seine Palme entfaltet weit über meine Überzeugung hinweg. Aber nichts, was bisher mich leben und handeln gesehn hat, ist Zeuge ringsum. Wohl kann meine Schulter schlummern, meine Jugend herbeieilen. Daraus allein ist unmittelbarer und wirksamer Reichtum zu ziehen. So gibt es einen Tag der Reinheit im Jahr, einen Tag, der seinen wunderbaren Schacht in den Schaum des Meeres gräbt, einen Tag, der in die Augen steigt, um den Mittag zu krönen. Das Edle lag gestern noch einsam, der Zweig war fern seinen Knospen. Der Hai und die Möwe kannten sich nicht.

O du, Regenbogen dieses glättenden Strandes, bring das Schiff seiner Hoffnung nah. Gib, daß jedes vermeintliche Ende eine neue Unschuld sei, ein fieberhaftes Vorwärts für alle, die straucheln in der Schwere des Morgens.

AUF DAS WOHL DER SCHLANGE*

I

Ich singe die Glut mit dem Gesicht eines Neugebornen, die verzweifelte Glut.

II

Nun hat das Brot den Menschen zu brechen, die Schönheit des Tagesanbruchs zu sein.

III

Celui qui se fie au tournesol ne méditera pas dans la maison. Toutes les pensées de l'amour deviendront ses pensées.

V

Il y aura toujours une goutte d'eau pour durer plus que le soleil sans que l'ascendant du soleil soit ébranlé.

VI

Produis ce que la connaissance veut garder secret, la connaissance aux cent passages.

VII

Ce qui vient au monde pour ne rien troubler ne mérite ni égards ni patience.

XX

Ne te courbe que pour aimer. Si tu meurs, tu aimes encore.

XXI

Les ténèbres que tu t'infuses sont régies par la luxure de ton ascendant solaire.

XXIV

Si nous habitons un éclair, il est le cœur de l'éternel.

XXVI
La poésie est de toutes les eaux claires celle qui s'attarde le moins aux reflets de ses ponts.
   Poésie, la vie future à l'intérieur de l'homme requalifié.

III

Wer der Sonnenblume vertraut, wird nicht im Haus meditieren. Alle Gedanken der Liebe werden seine Gedanken.

V

Immer wird sich ein Wassertropfen finden, die Sonne zu überdauern, ohne den Aufstieg der Sonne zu erschüttern.

VI

Hole ans Licht, was die Erkenntnis geheimhalten will, die Erkenntnis mit den hundert Straßen.

VII

Was zur Welt kommt, um nichts in Aufruhr zu bringen, verdient weder Rücksicht noch Geduld.

XX

Beuge dich nur, um zu lieben. Du liebst noch, wenn du stirbst.

XXI

Die Finsternis, mit der du dich tränkst, wird regiert von der Wollust deines Sonnenaufstiegs.

XXIV

Bewohnen wir einen Blitz, so ist er das Herz der Ewigkeit.

XXVI

Die Dichtung ist unter allen klaren Wassern das eine, das sich mit den Spiegelungen seiner Brücken am wenigsten aufhält.

Dichtung, künftiges Leben im Innern des wieder gewerteten Menschen.

LA FONTAINE NARRATIVE (1947)

LA SORGUE

Chanson pour Yvonne

Rivière trop tôt partie, d'une traite, sans compagnon,
Donne aux enfants de mon pays le visage de ta passion.

Rivière où l'éclair finit et où commence ma maison,
Qui roule aux marches d'oubli la rocaille de ma raison.

Rivière, en toi terre est frisson, soleil anxiété.
Que chaque pauvre dans sa nuit fasse son pain de ta moisson.

Rivière souvent punie, rivière à l'abandon.

Rivière des apprentis à la calleuse condition,
Il n'est vent qui ne fléchisse à la crête de tes sillons [...]

Rivière des meilleurs que soi, rivière des brouillards éclos,
De la lampe qui désaltère l'angoisse autor de son chapeau.

Rivière des égards au songe, rivière qui rouille le fer,
Où les étoiles ont cette ombre qu'elles refusent à la mer.

Rivière des pouvoirs transmis et du cri embouquant les eaux,
De l'ouragan qui mord la vigne et annonce le vin nouveau.

Rivière au cœur jamais détruit dans ce monde fou de prison,
Garde-nous violent et ami des abeilles de l'horizon.

DER ERZÄHLENDE QUELL

DIE SORGUE

Lied für Yvonne

Fluß, zu früh und ohne Gefährten gingst du auf rastlose Wanderschaft,
Gib den Kindern meines Landes das Gesicht deiner Leidenschaft.

Fluß, für den Blitz das Ende, für mein Haus der Beginn,
Du spülst das Geröll meiner Vernunft an die Stufen der Vergessenheit hin.

Fluß, Erde ist Schauder in dir, Sonne Beklommenheit.
Daß jeder Arme in seiner Nacht aus deiner Ernte das Brot sich macht.

Fluß, viele Male gestraft, Fluß der Verkommenheit.

Fluß der Lehrlinge, die schwielig durchs Leben gehn,
Kein Wind kann ungebeugt vor dem Kamm deiner Furchen bestehen [...]

Fluß aller, die besser sind als sie selbst, Fluß, dem der Nebel entquillt,
Der Lampe, die um ihren Schirm alle Ängste stillt.

Fluß der Ehrfurcht vor Träumen, Wellen, die das Eisen zernagen,
Wo die Sterne den Schatten haben, den sie dem Meere versagen.

Fluß überlieferter Kräfte und des Schreis auf schmaler Flut,
Des Orkans, der die Rebe zerrt und verspricht: der Wein wird gut.

Fluß, dem die kerkerverrückte Welt nie das Herz brechen konnte,
Wild laß uns bleiben und freundlich den Bienen der Horizonte.

LE MARTINET

Martinet aux ailes trop larges, qui vire et crie sa joie autour de la maison. Tel est le cœur.

Il dessèche le tonnerre. Il sème dans le ciel serein. S'il touche au sol, il se déchire.

Sa répartie est l'hirondelle. Il déteste la familière. Que vaut dentelle de la tour?

Sa pause est au creux le plus sombre. Nul n'est plus à l'étroit que lui.

L'été de la longue clarté, il filera dans les ténèbres, par les persiennes de minuit.

Il n'est pas d'yeux pour le tenir. Il crie, c'est toute sa présence. Un mince fusil va l'abattre. Tel est le cœur.

À UNE FERVEUR BELLIQUEUSE

Notre-Dame de Lumières qui restez seule sur votre rocher, brouillée avec votre église, favorable à ses insurgés, nous ne vous devons rien qu'un regard d'ici-bas.

Je vous ai quelquefois détestée. Vous n'étiez jamais nue. Votre bouche était sale. Mais je sais aujourd'hui que j'ai exagéré car ceux qui vous baisaient avaient souillé leur table.

Les passants que nous sommes n'ont jamais exigé que le repos leur vînt avant l'épuisement. Gardienne des efforts, vous n'êtes pas marquée, sinon du peu d'amour dont vous fûtes couverte.

Vous êtes le moment d'un mensonge éclairé, le gourdin encrassé, la lampe punissable. J'ai la tête assez chaude pour vous mettre en débris ou prendre votre main. Vous êtes sans défense.

DER TURMSEGLER

Turmsegler mit den zu großen Flügeln, der da kreist und schreit seine Freude rings um das Haus. So ist das Herz.

Er läßt den Donner verdorren. Er sät in den heiteren Himmel. Streift er den Boden, schlitzt er sich auf.

Sein Widerpart ist die Schwalbe. Er verabscheut die häusliche. Was gilt das schon: Filigran des Turms?

Er rastet in dunkelster Höhlung. Niemand hat es so eng wie er.

Im Sommer der langen Helle streicht er davon in die Finsternis durch die Fensterläden der Mitternacht.

Kein Auge vermag ihn zu halten. Er schreit, das ist sein ganzes Dasein. Ein schmales Gewehr streckt ihn nieder. So ist das Herz.

EINER STREITBAREN INBRUNST

Notre-Dame de Lumières, die du einsam dastehst auf deinem Felsen, mit deiner Kirche entzweit, gewogen ihren Rebellen, wir schulden dir nichts als einen Blick von hier unten.

Ich habe dich manchmal gehaßt. Du warst niemals nackt. Dein Mund war unrein. Aber ich weiß heute, daß ich übertrieben habe, denn die dich küßten, hatten ihren Tisch besudelt.

Wir, die vorbeigehn, haben niemals verlangt, daß die Ruhe über uns käme, bevor wir erschöpft sind. Schutzherrin aller Mühen, du bist nicht gebrandmarkt, es sei denn von dem bißchen Liebe, in die man dich hüllte.

Du bist der Augenblick der entlarvten Lüge, der beschmutzte Prügel, die sträfliche Lampe. Mein Kopf ist heiß genug, dich zu zertrümmern oder die Hand dir zu reichen. Da ist niemand, der dich verteidigt.

Trop de coquins vous guettent et guettent votre effroi. Vous n'avez d'autre choix que la complicité. Le sévère dégoût que de bâtir pour eux, de devoir en retour leur servir d'affidée!

J'ai rompu le silence puisque tous sont partis et que vous n'avez rien qu'un bois de pins pour vous. Ah! courez à la route, faites-vous des amis, cœur enfant devenez sous le nuage noir.

Le monde a tant marché depuis votre venue qu'il n'est plus qu'un pot d'os, qu'un vœu de cruauté. Ô Dame évanouie, servante de hasard, les lumières se rendent où l'affamé les voit.

LES MATINAUX (1950)

L'ADOLESCENT SOUFFLETÉ

Les mêmes coups qui l'envoyaient au sol le lançaient en même temps loin devant sa vie, vers les futures années où, quand il saignerait, ce ne serait plus à cause de l'iniquité d'un seul. Tel l'arbuste que réconfortent ses racines et qui presse ses rameaux meurtris contre son fût résistant, il descendait ensuite à reculons dans le mutisme de ce savoir et dans son innocence. Enfin il s'échappait, s'enfuyait et devenait souverainement heureux. Il atteignait la prairie et la barrière des roseaux dont il cajolait la vase et percevait le sec frémissement. Il semblait que ce que la terre avait produit de plus noble et de plus persévérant, l'avait, en compensation, adopté.

Il recommencerait ainsi jusqu'au moment où, la nécessité de rompre disparue, il se tiendrait droit et attentif parmi les hommes, à la fois plus vulnérable et plus fort.

Zu viel Schurken lauern auf dich und lauern auf dein Entsetzen. Du hast keine andere Wahl als die Mittäterschaft. Welch strenger Ekel, für sie zu bauen und ihnen dafür als Vertraute dienen zu müssen!

Ich habe das Schweigen gebrochen, da alle dich verließen und dir nur ein Pinienwald blieb. Ach, eile zur Landstraße, schaffe dir Freunde, werde Kind-Herz unter der schwarzen Wolke.

Die Welt ist so weit gegangen, seit du bei uns bist, daß sie nur noch ein Topf voller Knochen, ein Gelübde der Grausamkeit ist. O Unsre Liebe Frau in Ohnmacht, dem Zufall zu Diensten, die Lichter finden sich ein, wo sie der Hungernde sieht.

WANDERER IN DEN MORGEN

DER GEPRÜGELTE

Die Schläge, die ihn zu Boden schickten, schnellten ihn zugleich weit seinem Leben voraus, künftigen Jahren entgegen, da er nicht mehr durch die Schuld eines einzelnen würde zu bluten haben. So wie der Strauch, den seine Wurzeln trösten und der seine gequetschten Blätter gegen den zähen Stamm preßt, stieg er rückwärts hinab in die Stelle dieses Wissens und in seine Unschuld. Zuletzt brach er aus, floh und wurde unumschränkt glücklich. Er erreichte die Wiese und den Schilfrain, dessen Schlamm er liebkoste, dessen trockenes Rascheln er spürte. Es schien, als hätte ihn alles, was die Erde an Edlem und Unvergänglichem je hervorgebracht, zum Ausgleich an Kindesstatt angenommen.
    Und so sollte es bleiben, bis er, der unvermeidlichen Trennungen überhoben, aufrecht und wachsam unter den Menschen stünde, verwundbarer so und stärker zugleich.

PLEINEMENT

Quand nos os eurent touché terre,
Croulant à travers nos visages,
Mon amour, rien ne fut fini.
Un amour frais vint dans un cri
Nous ranimer et nous reprendre.
Et si la chaleur s'était tue,
La chose qui continuait,
Opposée à la vie mourante,
À l'infini s'élaborait.
Ce que nous avions vu flotter
Bord à bord avec la douleur
Etait là comme dans un nid,
Et ses deux yeux nous unissaient
Dans un naissant consentement.
La mort n'avait pas grandi
Malgré des laines ruisselantes,
Et le bonheur pas commencé
À l'écoute de nos présences;
L'herbe était nue et piétinée.

VOLL UND GANZ

Als unsre Knochen Erde berührt,
Bröckelnd durch unsre Gesichter,
Da war nichts vorbei, Geliebte.
Eine frische Liebe in einem Schrei
Belebte, ergriff uns wieder,
Und war auch die Glut vergangen,
Was fortdauerte, dies Eine,
Dem sterbenden Leben zum Trotz,
Unendlich gewann es Gestalt.
Was einst wir dahintreiben sahen,
Hart unserm Schmerz zur Seite,
Da lag's wie in einem Nest,
Und seine zwei Augen schlossen uns
In neuem Einklang zusammen.
Der Tod war nicht größer geworden,
Wenn auch die Wolle troff,
Und das Glück hatte nicht begonnen,
Es lauschte nur, ob wir da sind;
Das Gras war zertreten und nackt.

À UNE SÉRÉNITÉ CRISPÉE (1956)

À UNE SÉRÉNITÉ CRISPÉE*

> *Nous sommes, ce jour, plus près du sinistre que le tocsin lui-même, c'est pourquoi il est temps de nous composer une santé du malheur. Dût-elle avoir l'apparence de l'arrogance du miracle.*

Les actions du poète ne sont que la conséquence des énigmes de la poésie.

Le poète se remarque à la quantité de pages insignifiantes qu'il n'écrit pas. Il a toutes les rues de la vie oublieuse pour distribuer ses moyennes aumônes et cracher le petit sang dont il ne meurt pas.

L'obsession de la moisson et l'indifférence à l'Histoire sont les deux extrémités de mon arc.
  L'ennemi le plus sournois est l'actualité.

On ne nous juge pas sur ce que nous sommes mais sur ce que nous sommes capables d'avoir été et sur ce que nous sommes susceptibles de contrecarrer en devenant. D'où la difficulté de répondre à deux questions qui ne parviennent pas à éveiller notre méfiance.

Il faut intarissablement se passionner, en dépit d'équivoques découragements et si minimes que soient les réparations.

Au centre de la poésie, un contradicteur t'attend. C'est ton souverain. Lutte loyalement contre lui.

La perte du croyant, c'est de rencontrer son église. Pour notre dommage, car il ne sera plus désormais fraternel par le fond.

EINER HARSCHEN HEITERKEIT

EINER HARSCHEN HEITERKEIT*

> Wir sind heute dem Unheil näher als selbst die Sturmglocke, so daß es hohe Zeit ist, uns eine Gesundheit des Unglücks zu schaffen, sollte ihr auch etwas von der Arroganz des Wunders anhaften.

Die Taten des Dichters sind nur Konsequenz aus den Rätseln der Poesie.

Den Dichter erkennt man an der Menge unwesentlicher Seiten, die er nicht schreibt. Er hat alle Straßen des vergeßlichen Lebens, um seine dürftigen Almosen zu verteilen und das kleine Blut auszuspucken, an dem man nicht stirbt.

Besessenheit von der Ernte und Gleichgültigkeit gegenüber der Geschichte sind die zwei Extreme meines Bogens.
  Der heimtückischste Feind ist die Aktualität.

Man beurteilt uns nicht danach, was wir sind, sondern danach, was zu sein wir *fähig* wären, und danach, wieviel Kraft, uns zu widersetzen, wir uns während unserer Entwicklung angeeignet haben. Daher die Schwierigkeit, zwei Fragen zu beantworten, die nicht unser Mißtrauen zu wecken verstehen.

Man muß unerschöpflich seine Leidenschaft einsetzen, zweideutigen Entmutigungen zum Trotz, und wie dürftig die Befriedigung sei.

Im Kern der Poesie erwartet dich ein Widersacher. Er ist dein Souverän. Ringe ehrlich mit ihm.

Der Gläubige ist verloren, begegnet er seiner Kirche. Zu unserm Schaden, denn von nun an wird er *vom Grunde her* nie wieder brüderlich sein.

J'aime l'homme incertain de ses fins comme l'est, en avril, l'arbre fruitier.

Le poète doit rosser sans ménagement son aigle comme sa grenouille s'il veut ne pas gâter sa lucidité.

POST-MERCI

En poésie, devenir c'est réconcilier. Le poète ne dit pas la vérité, il la vit; et la vivant, il devient mensonger. Paradoxe des Muses: justesse du poème.

Ah! si chacun, noble naturellement et délié autant qu'il le peut, soulevait la sienne montagne en mettant en péril son bien et ses entrailles, alors passerait à nouveau l'homme terrestre, l'homme qui va, le garant qui élargit, les meilleurs semant le prodige.

À * * *

Tu es mon amour depuis tant d'années,
Mon vertige devant tant d'attente,
Que rien ne peut vieillir, froidir;
Même ce qui attendait notre mort,
Ou lentement sut nous combattre,
Même ce qui nous est étranger,
Et mes éclipses et mes retours.

Fermée comme un volet de buis,
Une extrême chance compacte
Est notre chaîne de montagnes,
Notre comprimante splendeur.

Je dis chance, ô ma martelée;
Chacun de nous peut recevoir

Ich liebe den Menschen, der seiner Ziele unsicher ist wie der Fruchtbaum im April.

Der Dichter muß schonungslos seinen Adler prügeln wie seinen Frosch, will er sich nicht die Klarsicht verderben.

NACHDANK

In der Dichtung ist Werden Wiederversöhnen. Der Dichter *sagt* nicht die Wahrheit, er *lebt* sie; und indem er sie lebt, wird er Lügner. Paradox der Musen: Stimmigkeit des Gedichts.

Ach, ließe jeder, edelgeartet und so bindungslos wie ihm möglich, sein eignes Gebirge aufragen, gefährdend Habe und Herz, dann erschiene aufs neue der irdische Mensch, der Schreitende, der Bürge, der Raum schafft, und die Besten säten das Wunder.

AN * * *

Du bist meine Liebe seit so vielen Jahren,
Mein Taumel vor so vielem Harren,
Daß nichts mehr alt noch kalt werden kann;
Auch nicht, was auf unsern Tod gelauert
Oder langsam uns befehden gelernt hat,
Noch was uns fremd geblieben ist,
Auch all mein Verschwinden nicht, mein Wiederkehren.

Wie ein Fensterladen aus Buchsbaum, geschlossen,
Eine letzte, gedrängte Chance
Ist die Kette unsres Gebirgs,
Unser erdrückender Glanz.

Ich sage Chance, Gehämmerte du;
Jeder von uns kann vom andern

La part de mystère de l'autre
Sans en répandre le secret ;
Et la douleur qui vient d'ailleurs
Trouve enfin sa séparation
Dans la chair de notre unité,
Trouve enfin sa route solaire
Au centre de notre nuée
Qu'elle déchire et recommence.

Je dis chance comme je le sens.
Tu as élevé le sommet
Que devra franchir mon attente
Quand demain disparaîtra.

(1948–1950)

LA PAROLE EN ARCHIPEL (1962)

LE BOIS DE L'EPTE

Je n'étais ce jour-là que deux jambes qui marchent.
Aussi, le regard sec, le nul au centre du visage,
Je me mis à suivre le ruisseau du vallon.
Bas coureur, ce fade ermite ne s'immisçait pas
Dans l'informe où je m'étendais toujours plus avant.

Venus du mur d'angle d'une ruine laissée jadis par l'incendie,
Plongèrent soudain dans l'eau grise
Deux rosiers sauvages pleins d'une douce et inflexible volonté.
Il s'y devinait comme un commerce d'êtres disparus, à la veille de
    s'annoncer encore.

Le rauque incarnat d'une rose, en frappant l'eau,
Rétablit la face première du ciel avec l'ivresse des questions,
Éveilla au milieu des paroles amoureuses la terre,
Me poussa dans l'avenir comme un outil affamé et fiévreux.

Sein Teil Mysterium empfangen
Und verschüttet doch kein Geheimnis;
Und der Schmerz, der von anderswo kommt,
Findet in unserem einigen Fleisch
Endlich zu seinem Absprung,
Findet zu seiner Sonnenbahn
Mitten in unserm Gewölk,
Das er zerreißt und erneut.

Ich sag's, wie ich's fühle: Chance.
Du hast den Gipfel erhöht,
Über den mein Harren hinwegmuß,
Wenn einmal kein Morgen mehr ist.

(1948–1950)

DAS WORT ALS INSELGRUPPE

DER EPTEWALD

Ich war an jenem Tag nur zwei wandernde Beine.
Und so, trockenen Augs, das Nichts genau im Gesicht,
Bin ich im kleinen Tale dem Bache gefolgt.
Flach lief er hin, der schale Eremit,
Blieb dem Gestaltlosen fern, in das ich immer weiter hineinwuchs.

Von der Mauerecke einer Ruine her, die einst ein Brand hinterließ,
Tauchten jäh in das graue Wasser
Zwei wilde Rosenranken voll sanften, unbeugsamen Willens.
Es war, als gingen Wesen dort um, verschollen und doch erst
    Vorboten ihrer selbst.

Das heisere Rot einer Rose, die gegen das Wasser schlug,
Erschuf aufs neu das ursprüngliche Antlitz des Himmels, trunken von
    Fragen,
Weckte inmitten von Liebesworten die Erde,
Stieß mich in die Zukunft wie ein Werkzeug voll Unrast und Gier.

Le bois de l'Epte commençait un tournant plus loin.
Mais je n'eus pas à le traverser, le cher grainetier du relèvement!
Je humai, sur le talon du demi-tour, le remugle des prairies où fondait
    une bête,
J'entendis glisser la peureuse couleuvre;
De chacun – ne me traitez pas durement – j'accomplissais, je le sus,
    les souhaits.

POURQUOI LA JOURNÉE VOLE

Le poète s'appuie, durant le temps de sa vie, à quelque arbre, ou mer, ou talus, ou nuage d'une certaine teinte, un moment, si la circonstance le veut. Il n'est pas soudé à l'égarement d'autrui. Son amour, son saisir, son bonheur ont leur équivalent dans tous les lieux où il n'est pas allé, où jamais il n'ira, chez les étrangers qu'il ne connaîtra pas. Lorsqu'on élève la voix devant lui, qu'on le presse d'accepter des égards qui retiennent, si l'on invoque à son propos les astres, il répond qu'il est du pays d'à côté, du ciel qui vient d'être englouti.

Le poète vivifie puis court au dénouement.

Au soir, malgré sur sa joue plusieurs fossettes d'apprenti, c'est un passant courtois qui brusque les adieux pour être là quand le pain sort du four.

DÉCLARER SON NOM

J'avais dix ans. La Sorgue m'enchâssait. Le soleil chantait les heures sur le sage cadran des eaux. L'insouciance et la douleur avaient scellé le coq de fer sur le toit des maisons et se supportaient ensemble. Mais quelle roue dans le cœur de l'enfant aux aguets tournait plus fort, tournait plus vite que celle du moulin dans son incendie blanc?

Der Eptewald begann an der nächsten Biegung.
Doch ich brauchte ihn nicht zu durchwandern, den lieben, der den
    Samen der Erneuerung birgt!
Ich sog, mich seitwärts wendend, den dumpfen Geruch der Wiesen
    ein, in denen ein Tier sich verlor.
Ich hörte, wie die scheue Natter entschlüpfte;
Was jedes sich wünschte – nehmt's nicht so streng –, ich wußte, daß
    ich es erfüllte.

WARUM DER TAG DAHINFLIEGT

Der Dichter lehnt sich zeit seines Lebens an irgendeinen Baum oder ein Meer, einen Abhang oder eine Wolke von bestimmter Färbung, einen Augenblick lang, wie die Gelegenheit will. Er ist nicht an die Verirrung der andern geschweißt. Seine Liebe, sein Zugriff, sein Glück finden ihre Entsprechung an allen Orten, die er weder betrat noch jemals betreten wird, bei Fremden, die er nie kennenlernt. Wenn man vor ihm die Stimme erhebt, wenn man ihn drängt, Ehrungen anzunehmen, die hemmen, wenn man seinetwegen die Sterne anruft, erwidert er, er sei aus dem Land *nebenan*, vom Himmel, der eben verschlungen ward.

Der Dichter belebt, dann eilt er zur Lösung des Knotens.

Am Abend, trotz einiger Lehrlingsgrübchen auf seiner Wange, ist er ein höflicher Passant, eilig beim Abschied, um da zu sein, wenn das Brot aus dem Ofen kommt.

SEINEN NAMEN NENNEN

Ich war zehn Jahre alt. Die Sorgue faßte mich ein. Auf dem weisen Zifferblatt der Wasser sang die Sonne die Stunden. Sorglosigkeit und Schmerz hatten den eisernen Hahn auf dem Dach der Häuser befestigt und stützten sich gegenseitig. Aber welch Rad im Herzen des Kindes, stets auf der Lauer, drehte sich heftiger, drehte sich schneller als das Mühlrad in seinem weißen Brand?

LA BIBLIOTHÈQUE EST EN FEU (1956)

LA BIBLIOTHÈQUE EST EN FEU*

À Georges Braque

Par la bouche de ce canon il neige. C'était l'enfer dans notre tête. Au même moment c'est le printemps au bout de nos doigts. C'est la foulée de nouveau permise, la terre en amour, les herbes exubérantes.

L'esprit aussi, comme toute chose, a tremblé.

L'aigle est au futur.

Comment me vint l'écriture? Comme un duvet d'oiseau sur ma vitre, en hiver. Aussitôt s'éleva dans l'âtre une bataille de tisons qui n'a pas, encore à présent, pris fin.

L'éclair me dure.

Il n'y a que mon semblable, la compagne ou le compagnon, qui puisse m'éveiller de ma torpeur, déclencher la poésie, me lancer contre les limites du vieux désert afin que j'en triomphe. Aucun autre. Ni cieux, ni terre privilégiée, ni choses dont on tressaille.
Torche, je ne valse qu' avec lui.

Pourquoi poème pulvérisé? Parce qu'au terme de son voyage vers le Pays, après l'obscurité pré-natale et la dureté terrestre, la finitude du poème est lumière, apport de l'être à la vie.

Le poète ne retient pas ce qu'il découvre; l'ayant transcrit, le perd bientôt. En cela réside sa nouveauté, son infini et son péril.

On naît avec les hommes, on meurt inconsolé parmi les dieux.

DIE BIBLIOTHEK IN FLAMMEN

DIE BIBLIOTHEK IN FLAMMEN*

Für Georges Braque

Aus der Mündung dieser Kanone schneit es. In unserem Kopf war die Hölle. Zugleich ist Frühling an unseren Fingerspitzen. Und die Fährte wieder im Recht, die Erde voller Liebe und strotzend das Gras.

Auch der Geist, wie alles andere, hat gezittert.

Der Adler gehört der Zukunft.

Wie kam mir das Schreiben? Wie Vogelflaum, im Winter, an meine Fensterscheibe. Alsbald entbrannte im Herd zwischen den Scheiten ein Kampf, der bis heute kein Ende fand.

Der Blitz dauert für mich.

Nur meinesgleichen, Gefährtin oder Gefährte, kann mich aus meiner Starre wecken, die Poesie auslösen, mich bis an die Grenzen der alten Wüste schleudern, daß ich sie besiege. Kein andrer. Weder Himmel, noch begnadete Erde, noch Dinge, vor denen man schaudert.
Fackel, tanze ich nur mit ihm.

Warum *pulverisiertes Gedicht*? Weil am Ziel seiner Heimfahrt, nach vorgeburtlichem Dunkel und irdischer Härte, das Ergebnis des Gedichtes Licht ist, Zustrom des Seins in das Leben.

Der Dichter behält nicht, was er entdeckt; hat er es niedergeschrieben, verliert er es bald. Darin besteht seine Neuheit, seine Grenzenlosigkeit und seine Gefahr.

Man wird mit den Menschen geboren, ungetröstet stirbt man unter den Göttern.

Comment dire ma liberté, ma surprise, au terme de mille détours: il n'y a pas de fond, il n'y a pas de plafond.

La lumière a un âge. La nuit n'en a pas. Mais quel fut l'instant de cette source entière?

Ne pas avoir plusieurs morts suspendues et comme enneigées. N'en avoir qu'une, de bon sable. Et sans résurrection.

QUITTER (1960)

L'ALLÉGRESSE

Les nuages sont dans les rivières, les torrents parcourent le ciel. Sans saisie les journées montent en graines, meurent en herbe. Le temps de la famine et celui de la moisson, l'un sous l'autre dans l'air haillonneux, ont effacé leur différence. Ils filent ensemble, ils bivaquent! Comment la peur serait-elle distincte de l'espoir, passant raviné? Il n'y a plus de seuil aux maisons, de fumée aux clairières. Est tombé au gouffre le désir de chaleur – et ce peu d'obscurité dans notre dos où s'inquiétait la primevère dès qu'épiait l'avenir.

Pont sur la route des invasions, mentant au vainqueur, exorable au défait. Saurons-nous, sous le pied de la mort, si le cœur, ce gerbeur, ne doit pas précéder mais suivre?

Wie meine Freiheit, meine Verwunderung künden – endlich, nach tausend Umwegen: unter uns ist kein Grund, über uns keine Decke.

Das Licht hat ein Alter. Die Nacht hat keines. Aber wann war der Zeitpunkt ihrer gemeinsamen Quelle?

Nicht mehrere Tode haben, die in der Schwebe bleiben und gleichsam eingeschneit sind. Nur einen, aus gutem Sande. Und ohne Auferstehung.

SCHEIDEN

DIE HELLE FREUDE

Die Wolken sind in den Flüssen, die Wildwasser eilen am Himmel. Ungehindert schießen die Tage ins Kraut, sterben im ersten Grün. Die Zeit des Hungers und der Ernte, durcheinandergewirrt in der zerfetzten Luft, haben ihren Unterschied ausgelöscht. Sie ziehen gemeinsam dahin, sie schlagen ihr Lager auf! Wie könnte die Angst von der Hoffnung geschieden sein, die ausgeplündert vorbeigeht? Keine Schwelle mehr haben die Häuser, die Lichtungen keinen Rauch. In den Abgrund gestürzt ist die Sehnsucht nach Wärme – und jenes Restchen Dunkelheit hinter uns, wo die Primel sich unruhig regte, sowie die Zukunft hervorzulugen begann.

Brücke auf dem Weg der Eroberungszüge, die den Sieger belügt, dem Geschlagenen günstig ist. Werden wir unterm Fußtritt des Todes wissen, ob das Herz, dieser Garbenbinder, statt voranzugehn, nachfolgen soll?

L'ÉTERNITÉ À LOURMARIN

Albert Camus

Il n'y a plus de ligne droite ni de route éclairée avec un être qui nous a quittés. Où s'étourdit notre affection? Cerne après cerne, s'il approche c'est pour aussitôt s'enfouir. Son visage parfois vient s'appliquer contre le nôtre, ne produisant qu'un éclair glacé. Le jour qui allongeait le bonheur entre lui et nous n'est nulle part. Toutes les parties – presque excessives – d'une présence se sont d'un coup disloquées. Routine de notre vigilance... Pourtant cet être supprimé se tient dans quelque chose de rigide, de désert, d'essentiel en nous, où nos millénaires ensemble font juste l'épaisseur d'une paupière tirée.

Avec celui que nous aimons, nous avons cessé de parler, et ce n'est pas le silence. Qu'en est-il alors? Nous savons, ou croyons savoir. Mais seulement quand le passé qui signifie s'ouvre pour lui livrer passage. Le voici à notre hauteur, puis loin, devant.

À l'heure de nouveau contenue où nous questionnons tout le poids d'énigme, soudain commence la douleur, celle de compagnon à compagnon, que l'archer, cette fois, ne transperce pas.

DIE EWIGKEIT ZU LOURMARIN

Albert Camus

Es führt weder gerade Linie noch helle Straße mehr zu einem Menschen, der uns verließ. Wo findet unsere Liebe ihre Betäubung? Kreis um Kreis – wenn er näher kommt, dann nur um sich rasch zu verbergen. Manchmal will sich sein Gesicht an das unsere legen, aber der Blitz ist eisig, der überspringt. Nirgends ist nun der Tag, der das Glück zwischen ihm und uns währen ließ. All die – fast maßlosen – Formen einer menschlichen Gegenwart sind jählings zerspellt. Wachsamkeit aus Gewöhnung... Trotzdem lebt dieses ausgelöschte Wesen fort an einer Stelle in uns, die starr und öde, aber entscheidend ist, wo all unsre Jahrtausende zusammen gerade so dicht sind wie ein geschlossenes Augenlid.

Mit ihm, den wir lieben, ist unser Gespräch verstummt, und doch herrscht kein Schweigen. Was dann? Wir wissen oder glauben zu wissen. Doch nur, wenn die Vergangenheit, die von Bedeutung voll ist, sich auftut und ihn durchschlüpfen läßt. Dann ist er da, auf gleicher Höhe mit uns, schon weiter entfernt, schon vor uns.

Zu wieder gebändigter Stunde, da wir der ganzen Rätsellast unsre Fragen stellen, hebt plötzlich der Schmerz wieder an, der Schmerz von Gefährte zu Gefährte, den diesmal der Bogenschütze nicht durchbohrt.

L'éternité à Lourmarin

albert Camus

Il n'y a plus de ligne droite ni de route éclairée avec un être qui nous a quitté. Où s'étourdit notre affection ? Cerne après cerne, s'il approche c'est pour aussitôt s'enfouir. Son visage parfois vient s'appliquer contre le nôtre, ne produisant qu'un éclair glacé. Le jour qui allongeait le bonheur entre lui et nous n'est nulle part. Toutes les parties — presque excessives — d'une Présence se sont d'un coup disloquées. Routine de notre vigilance... Pourtant cet être supprimé se tient dans quelque chose de rigide, de désert, d'essentiel en nous, où nos millénaires ensemble font juste l'épaisseur d'une paupière tiède.

Avec celui que nous aimons, nous avons cessé de parler, et ce n'est pas le silence. Qu'en est-il alors ?

Nous savons, ou croyons savoir. Mais seulement quand le passé qui signifie s'ouvre pour lui livrer passage. Le voici à notre hauteur, puis loin, devant.

À l'heure de nouveau contenue où nous questionnons tout le poids d'énigme, soudain commence la douleur, celle de compagnon à compagnon, que l'archer, cette fois, ne transperce pas.

René Char

RETOUR AMONT (1965)

SEPT PARCELLES DE LUBERON

I

Couchés en terre de douleur,
Mordus des grillons, des enfants,
Tombés de soleils vieillissants,
Doux fruits de la Brémonde.

Dans un bel arbre sans essaim,
Vous languissez de communion,
Vous éclatez de division,
Jeunesse, voyante nuée.

Ton naufrage n'a rien laissé
Qu'un gouvernail pour notre cœur,
Un rocher creux pour notre peur,
O Buoux, barque maltraitée!

Tels des mélèzes grandissants,
Au-dessus des conjurations,
Vous êtes le calque du vent,
Mes jours, muraille d'incendie.

★

C'était près. En pays heureux.
Élevant sa plainte au délice,
Je frottai le trait de ses hanches
Contre les ergots de tes branches,
Romarin, lande butinée.

★

De mon logis, pierre après pierre,
J'endure la démolition.
Seul sut l'exacte dimension
Le dévot, d'un soir, de la mort.

RÜCKKEHR STROMAUF

SIEBEN FRAGMENTE AUS DEM LUBERON

I

Auf einer Schmerzenserde liegend,
Von Grillen, von Kindern gebissen,
Alternden Sonnen entfallen,
Süße Früchte der Brémonde.

In einem schönen Baum ohne Bienen
Schmachtest du nach Gesellschaft,
Haderst du mit dem Schicksal,
Jugend, prophetisches Gewölk.

Dein Schiffbruch ließ nichts zurück
Als ein Steuer für unser Herz,
Einen hohlen Fels für unsre Furcht,
O Buoux, in Trümmern liegendes Boot.

Gleich kräftigen Lärchen,
Trügerischen Angriffen überlegen,
Laßt ihr den Wind wehen ohne zu brechen
Meine Tage, eine Mauer gegen das Feuer.

★

Nah war's, an einem glücklichen Ort,
Statt den Klagen, Wonne auslösend,
Spürte ich ihren Körper, ihre Hüften,
Im Gestrüpp deiner Zweige,
Rosmarin, von Bienen umschwärmt.

★

Den Abbruch meines Hauses
Erdulde ich Stein für Stein.
Einzig der Opferbereite, eines Abends, erfuhr
Das genaue Ausmaß des Todes.

L'hiver se plaisait en Provence
Sous le regard gris des Vaudois;
Le bûcher a fondu la neige,
L'eau glissa bouillante au torrent.

Avec un astre de misère,
Le sang à sécher est trop lent.
Massif de mes deuils, tu gouvernes:
Je n'ai jamais rêvé de toi.

TRACÉ SUR LE GOUFFRE

Dans la plaie chimérique de Vaucluse je vous ai regardé souffrir. Là, bien qu'abaissé, vous étiez une eau verte, et encore une route. Vous traversiez la mort en son désordre. Fleur vallonnée d'un secret continu.

CHÉRIR THOUZON

Lorsque la douleur l'eut hissé sur son toit envié un savoir évident se montra à lui sans brouillard. Il ne se trouvait plus dans sa liberté telles deux rames au milieu de l'océan. L'ensorcelant désir de parole s'était, avec les eaux noires, retiré. Çà et là persistaient de menus tremblements dont il suivait le sillage aminci. Une colombe de granit à demi masquée mesurait de ses ailes les restes épars du grand œuvre englouti. Sur les pentes humides, la queue des écumes et la course indigente des formes rompues. Dans l'ère rigoureuse qui s'ouvrait, aboli serait le privilège de récolter sans poison. Tous les ruisseaux libres et fous de la création avaient bien fini de ruer. Au terme de sa vie il devrait céder à l'audace nouvelle ce que l'immense patience lui avait, à chaque aurore, consenti. Le jour tournoyait sur Thouzon. La mort n'a pas comme le lichen arasé l'espérance de la neige. Dans le creux de la ville immergée, la corne de la lune mêlait le dernier sang et le premier limon.

Es war Winter in der Provence,
Der Blick der Waldenser verblich;
Unter dem Feuer schmolz der Schnee,
Das Wasser glitt kochend ins Tal.

Zu langsam trocknet das Blut
Auf einem elenden Gestirn.
Berg meiner Trauer, wie liegst du auf mir:
Nie hast du mir einen Traum entlockt.

AUF DEN ABGRUND GEZEICHNET

In der rätselhaften Wunde von Vaucluse habe ich dich leiden sehen. Obgleich niedergedrückt, warst du ein grünes Wasser, auch ein Weg. Du durchquertest die Wirren des Todes. Bewegte Blume eines steten Geheimnisses.

GELIEBTES THOUZON

Als der Schmerz ihn auf das ersehnte Dach gehoben hatte, löste sich der Nebel auf, und er kam zu einer überzeugenden Erkenntnis. Er war nicht mehr frei wie zwei Ruder inmitten des Ozeans. Das leidenschaftliche Verlangen nach Worten hatte sich mit den schwarzen Fluten zurückgezogen. Da und dort blieb ein leichtes Beben zurück, dessen schwachen Sog er wahrnahm. Eine granitene Taube, halb verdeckt, beherrschte mit ihren Flügeln die zerstreuten Bruchstücke des untergegangenen Werkes. Auf den feuchten Hängen, Gischtfetzen und die schwache Bewegung der zertrümmerten Formen. In der schwierigen Zeit, die anbrach, würde das Vorrecht, ohne Gift zu ernten, wegfallen. Alle freien und übermütigen Bäche der Schöpfung hatten aufgehört zu toben. Am Ende seines Lebens sollte er das, was ihm jeden Morgen dank unermeßlicher Geduld zugestanden worden war, an die neuen Errungenschaften abtreten.

Das Licht kreiste über Thouzon. Der Tod hat nicht wie die Flechte die Hoffnung auf Schnee abgetragen. Auf dem Grund der versunkenen Stadt verband die Mondsichel das geronnene Blut mit dem keimenden Schlamm.

DEVANCIER

J'ai reconnu dans un rocher la mort fuguée et mensurable, le lit ouvert de ses petits comparses sous la retraite d'un figuier. Nul signe de tailleur : chaque matin de la terre ouvrait ses ailes au bas des marches de la nuit.

Sans redite, allégé de la peur des hommes, je creuse dans l'air ma tombe et mon retour.

LE NU PERDU

Porteront rameaux ceux dont l'endurance sait user la nuit noueuse qui précède et suit l'éclair. Leur parole reçoit existence du fruit intermittent qui la propage en se dilacérant. Ils sont les fils incestueux de l'entaille et du signe, qui élevèrent aux margelles le cercle en fleurs de la jarre du ralliement. La rage des vents les maintient encore dévêtus. Contre eux vole un duvet de nuit noire.

LE BANC D'OCRE

Par une terre d'Ombre et de rampes sanguines nous retournions aux rues. Le timon de l'amour ne nous dépassait pas, ne gagnait plus sur nous. Tu ouvris ta main et m'en montras les lignes. Mais la nuit s'y haussait. Je déposai l'infime ver luisant sur le tracé de vie. Des années de gisant s'éclairèrent soudain sous ce fanal vivant et altéré de nous.

VORGÄNGER

Ich habe in einem Felsen den meßbaren, fugenartig auftretenden Tod erkannt, und im Schutz eines Feigenbaums das offene Bett seiner kleinen Gefährten. Vom Steinmetzen keine Spur: jeden Morgen öffnete die Erde ihre Flügel am Fuß der Stufen der Nacht.
 Ohne Wiederholung, befreit von der Angst der Menschen, habe ich mein Grab und meine Rückkehr in die Luft gemeißelt.

DER VERLORENE NACKTE

Jene werden Sprosse treiben, deren Hartnäckigkeit aus der knotigen Nacht vor und nach dem Blitz Nutzen zu ziehen weiß. Ihre Sprache gewinnt Gestalt dank der seltenen Frucht, die im Aufspringen ihr zum Durchbruch verhilft. Sie sind die inzestuösen Söhne der Kerbe und des Zeichens, die den Krug der Versöhnung wie ein Blumengewinde auf den Brunnenrand hoben. Der rasende Wind hat sie entblößt. Gegen sie fliegt ein Flaum dunkler Nacht.

DIE OCKERBANK

Auf einer umdüsterten Erde, über blutrote Rampen, kehrten wir zu den Straßen zurück. Das Steuer der Liebe war uns entglitten, es hatte keine Macht mehr über uns. Du öffnetest die Hand und zeigtest mir ihre Furchen. Sie waren in Dunkel gehüllt. Ich habe das winzige Glühwürmchen auf die Lebenslinie gesetzt. Jahre der Tatenlosigkeit erhellten sich plötzlich unter diesem lebenden Lichtsignal, das nach uns dürstete.

RECHERCHE DE LA BASE ET DU SOMMET
(1971 / 1979)

L'ÂGE CASSANT*
1963–1965

> *Au souvenir de Françoise et de Madeleine Lévy, à leur mère, à leur père, le Docteur Jean-Louis Lévy.*

Je suis né comme le rocher, avec mes blessures. Sans guérir de ma jeunesse superstitieuse, à bout de fermeté limpide, j'entrai dans l'âge cassant.

Dans la fidélité, nous apprenons à n'être jamais consolés.

Sans l'appui du rivage, ne pas se confier à la mer, mais au vent.

Sur la poésie la nuit accourt, l'éveil se brise, quand on s'exalte à l'exprimer. Quelle que soit la longueur de sa longe, la poésie se blesse à nous, et nous à ses fuyants.

Confort est crime, m'a dit la source en son rocher.

Sois consolé. En mourant, tu rends tout ce qui t'a été prêté, ton amour, tes amis. Jusqu'à ce froid vivant tant de fois recueilli.

Nul homme, à moins d'être un mort-vivant, ne peut se sentir à l'ancre en cette vie.

Supprimer l'éloignement tue. Les dieux ne meurent que d'être parmi nous.

On ne découvre la vraie clarté qu'au bas de l'escalier, au souffle de la porte.

DAS ZERMÜRBENDE ALTER*
1963–1965

Françoise und Madeleine Lévy, ihrer Mutter, ihrem Vater, Dr. Jean-Louis Lévy, zum Gedächtnis

Geboren bin ich wie der Fels, mit meinen Wunden. Nicht zu heilen von meiner abergläubischen Jugend, tret ich, da das helle Gefeitsein endet, ins zermürbende Alter.

In der Treue lernen wir, ohne Trost zu sein.

Weder am Gestade sich halten noch sich dem Meer anvertrauen, sondern dem Wind.

Auf die Poesie eilt die Nacht zu, das Wachsein zerbricht, wenn man brennt, ihr Ausdruck zu geben. Wie lang auch ihr Halfter sei, die Poesie verletzt sich an uns und wir an ihren Fluchtlinien.

Behaglichkeit ist Verbrechen, hat mir die Quelle in ihrem Felsen gesagt.

Sei getrost. Im Sterben gibst du alles zurück, was dir geliehen, deine Liebe, deine Freunde. Sogar die lebendige Kälte, die du so oft geerntet.

Kein Mensch, es sei denn ein lebender Leichnam, kann sich in diesem Leben vor Anker fühlen.

Die Trennung zu unterdrücken, ist tödlich. Die Götter sterben nur daran, daß sie unter uns sind.

Man entdeckt die wahre Helle nur am Fuße der Treppe, im Wind der Tür.

Se mettre en chemin sur ses deux pieds, et, jusqu'au soir, le presser, le reconnaître, le bien traiter ce chemin qui, en dépit de ses relais haineux, nous montre les fétus des souhaits exaucés et la terre croisée des oiseaux.

AISÉ À PORTER

I

Martin Heidegger est mort ce matin. Le soleil qui l'a couché lui a laissé ses outils et n'a retenu que l'ouvrage. Ce seuil est constant. La nuit qui s'est ouverte aime de préférence.
Mercredi, 26 mai 1976.

II

Il faut vivre Arthur Rimbaud, l'hiver, par l'entremise d'une branche verte dont la sève écume et bout dans la cheminée au milieu de l'indifférence des souches qui s'incinèrent; la bouilloire, de son bec, dessinant la soif. Le désert ergoteur, par la porte ouverte, pointe son index avant d'être une fois encore arrêté par l'immuabilité trompeuse du garde-feu qui rend l'écriture si précise, mais vaine jusqu'au point noir. C'est toujours le jeune pâtre Euphorbos, qui découvre nu, sur le rocher, l'enfant Œdipe abandonné aux aigles; et, ignorant l'oracle, l'emporte tout rêveur contre lui jusqu'à Corinthe.

À FAULX CONTENTE

Quand les conséquences ne sont plus niées, le poème respire, dit qu'il a obtenu son aire. Iris rescapé de la crue des eaux.

Sich mit beiden Füßen auf den Weg machen und bis zum Abend ihn belasten, ihn ausforschen, ihm freund sein, diesem Weg, der trotz seiner gehässigen Stationen uns die Strohhalme der erfüllten Wünsche und die von Vögeln gekreuzte Erde zeigt.

LEICHT ZU TRAGEN

I

Martin Heidegger ist heute morgen gestorben. Die Sonne, die ihn zur Ruhe gelegt hat, hat ihm sein Werkzeug belassen und nur das Werk hier behalten. Diese Schwelle bleibt bestehen. Die Nacht, die sich aufgetan hat, liebt aus besonderer Gunst.

Mittwoch, 26. Mai 1976

II

Not tut Arthur Rimbaud zu durchleben, im Winter, vermittels eines grünen Astes, dessen Saft im Kamin schäumt und kocht inmitten der Teilnahmslosigkeit zu Asche zerfallender Kloben; der Schnabel des Kessels zeichnet den Durst. Die Wüste, rechthaberisch, sticht ihren Finger durch die offene Tür, bevor sie noch einmal von der trügerischen Unrührbarkeit des Feuerschirms aufgehalten wird, der die Schrift so genau macht, aber vergeblich bis zum schwarzen Punkt. Es ist immer der junge Hirte Euphorbos, der auf dem Felsen, nackt, das den Lämmergeiern ausgesetzte Kind Ödipus entdeckt; und, da er vom Orakelspruch nichts weiß, trägt er es an sich geschmiegt gedankenverloren nach Korinth.

DER ZUFRIEDENEN SENSE

Sobald die Folgerungen nicht mehr verneint werden, atmet das Gedicht auf, sagt, daß es seinen Platz im Freien erhalten hat. Iris unversehrt wiederaufgetaucht aus der Überflutung.

Le souffle levé, descendre à reculons, puis obliquer et suivre le sentier qui ne mène qu'au cœur ensanglanté de soi, source et sépulcre du poème.

L'influx de milliards d'années de toutes parts et circulairement le chant jamais rendu d'Orphée.

Les dieux sont dans la métaphore. Happée par le brusque écart, la poésie s'augmente d'un au-delà sans tutelle.

Le poème nous couche dans une douleur ajournée sans séparer le froid de l'ardent.

Vint un soir où le cœur ne se reconnut plus dans les mots qu'il prononçait pour lui seul.
   Le poète fait éclater les liens de ce qu'il touche. Il n'enseigne pas la fin des liens.

(1972)

LA NUIT TALISMANIQUE (1972)

CHACUN APPELLE

> »Viendrai-je? Viendrai-je?
> – Mais oui! Mais oui!«
>   Bestiaire nocturne.

Le mistral d'avril provoque des souffrances comme nul autre aquilon. Il n'anéantit pas, il désole. Par larges couches, à la pousse des feuilles, la tendre apparition de la vie est froissée. Vent cruel, aumône de printemps. Le rossignol dont c'était le chant d'arrivée s'est tu. Tant de coups ont assommé la nuit! Paix. Aussitôt la chouette s'envole des entrailles du mûrier noir. Pour les Mayas elle est dieu de la mort aux vertèbres apparentes; près d'ici: ravisseuse de Minerve; et à mes yeux, damo

Den Atem befreit, rücklings absteigen, dann nach der Seite abbiegen und dem Pfad folgen, der allein zum blutbedeckten eigenen Herzen führt, Quelle und Grab des Gedichts.

Von allen Seiten Einflüsse aus Milliarden Jahren und kreisförmig der nie kapitulierende Gesang des Orpheus.

Die Götter geschehen wesenhaft in der Metapher. Vom plötzlichen Umschwung überrumpelt, wächst der Dichtung ein Jenseits ohne Vormundschaft zu.

Das Gedicht versetzt uns in einen ausgesetzten Schmerz, ohne den Frost vom Glühenden zu scheiden.

Ein Abend kam, wo das Herz sich nicht mehr in den Worten erkannte, die es für sich allein sprach.
    Der Dichter läßt die Bande dessen zerspringen, was er berührt. Er lehrt nicht das Ende der Bande.

(1972)

DIE ZAUBERKRÄFTIGE NACHT

JEDER RUFT

> *»Komm ich? Komm ich?*
> *– Gewiß! Gewiß!«*
> *Nächtliches Tierbuch.*

Im April bringt der Mistral Leid wie kein anderer Nordwind. Er zerstört nicht, er nimmt den Mut. Auf weiten Landstrichen wird beim Aufgehen der Knospen das zarte, keimende Leben geschunden. Grausamer Wind, Frühlingsopfer. Die Nachtigall, deren Ankunftslied erklang, ist verstummt. All diese Schläge haben die Nacht niedergestreckt! Friede. Bald darauf fliegt das Käuzchen aus den Eingeweiden des schwarzen Maulbeerbaums. Für die Mayas ist es der Gott des Todes mit den sicht-

Machoto, l'alliée. Elle m'appelle, je l'écoute; je la mande, elle m'entend. Parfois nous échangeons nos visages, mais savons nous reconnaître au rendez-vous sans musiciens, car nos caresses ne sont pas intéressées. Pauvres habitants des châteaux de dispute, voisins de l'oiseau mangeur de paroles! Nuit au corps sans arêtes, toi seule dois être encore innocentée.

AROMATES CHASSEURS (1975)

AROMATES CHASSEURS*

Orion à la Licorne

Je voudrais que mon chagrin si vieux soit comme le gravier dans la rivière : tout au fond. Mes courants n'en auraient pas souci.

Maison mentale. Il faut en occuper toutes les pièces, les salubres comme les malsaines, et les belles aérées, avec la connaissance prismatique de leurs différences.

C'est quand on ne s'y reconnaît plus, ô toi qui m'abordas, qu'on y est. Souviens-t'en.

La foudre libère l'orage et lui permet de satisfaire nos plaisirs et nos soifs. Foudre sensuelle! (Hisser, de jour, le seau du puits où l'eau n'en finit pas de danser l'éclat de sa naissance.)

Il y eut le vol silencieux du Temps durant des millénaires, tandis que l'homme se composait. Vint la pluie, à l'infini; puis l'homme marcha et agit. Naquirent les déserts; le feu s'éleva pour la deuxième fois. L'homme alors, fort d'une alchimie qui se renouvelait, gâcha ses richesses et massacra les siens. Eau, terre, mer, air suivirent, cependant qu'un atome résistait. Ceci se passait il y a quelques minutes.

baren Wirbelknochen; nicht weit von hier: Minervas Raubvogel; und für mich: damo Machoto, die Verbündete. Sie ruft mich, ich schenke ihr Gehör; ich laß sie kommen, sie versteht mich. Manchmal tauschen wir unsere Gesichter, doch erkennen wir einander ohne Musiker beim Stelldichein, denn unsere Zärtlichkeiten sind selbstlos. Arme Bewohner der mit Hader erfüllten Schlösser, verwandt mit dem Wörter fressenden Vogel! Grätenloser Leib der Nacht, du allein verdienst, freigesprochen zu werden.

DUFTQUELLEN, DIESE JÄGER

DUFTQUELLEN, DIESE JÄGER*

Orion zum Einhorn

Ich wollte, mein so alter Kummer wäre wie der Kies im Fluß: ganz am Grunde. Meine Strömungen würden sich nicht darum kümmern.

Das Haus der Gedanken. Man muß darin alle Zimmer besetzen, die gesunden wie die ungesunden, und die schönen luftigen, mit der prismatischen Erkenntnis ihrer Unterschiede.

Wenn man sich nicht mehr zurechtfindet, o du, die mich ansprach, dann ist man an Ort und Stelle. Vergiß es nicht.

Der Blitz befreit das Gewitter und erlaubt ihm, unsre Lüste und Süchte zu befriedigen. Sinnlicher Blitz! (Hochziehen, am Tage, den Eimer aus dem Brunnen, in dem das Wasser unaufhörlich den Glanz seiner Geburt tanzt.)

Es gab den schweigenden Flug der Zeit durch die Jahrtausende, während der Mensch sich formte. Kam der Regen, der bis ins Unendliche reicht; dann schritt der Mensch aus und handelte. Entstanden die Wüsten; das Feuer erhob sich zum zweiten Mal. Der Mensch, stark durch eine neue Alchimie, verschleuderte nun seine Reichtümer und metzelte die Seinen hin. Wasser, Erde, Meer, Luft folgten, indes ein Atom widerstand. Dies geschah vor ein paar Minuten.

Détesté du tyran quel qu'en soit le poids. Et pour tout alpage, l'étincelle entre deux flammes.

Il arrive que des actions légères se déploient en événements inouïs. Qu'est-ce que l'inepte loi des séries comparée à cette crue nocturne?

Hors de nous comme au-delà de nous, tout n'est que mise en demeure et croissance menacée. C'est notre désespoir insurgé, intensément vécu, qui le constate, notre lucidité, notre besoin d'amour. Et tant de conscience finit par tapisser l'éphémère. Chère roulotte!

Le présent-passé, le présent-futur. Rien qui précède et rien qui succède, seulement les offrandes de l'imagination.

Nous ne sommes plus dans l'incurvé. Ce qui nous écartera de l'usage est déjà en chemin. Puis nous deviendrons terre, nous deviendrons soif.

RÉCEPTION D'ORION

*Qui cherchez-vous brunes abeilles
Dans la lavande qui s'éveille?
Passe votre roi serviteur.
Il est aveugle et s'éparpille.
Chasseur il fuit
Les fleurs qui le poursuivent.
Il tend son arc et chaque bête brille.
Haute est sa nuit; flèches risquez vos chances.*

Un météore humain a la terre pour miel.

Gehaßt vom Tyrannen, wie schwer er auch laste. Und als einzige Alm, der Funke zwischen zwei Flammen.

Es kommt vor, daß sich unbedeutende Aktionen zu unerhörten Ereignissen ausweiten. Was ist das alberne Gesetz der Serie, verglichen mit diesem nächtlichen Steigen der Flut?

Um uns her wie über uns ist alles nur Reglementierung und bedrohtes Wachstum. Unsre aufrührerische Verzweiflung, die zutiefst unser Leben ist, stellt das fest, unsre Klarsicht, unser Liebesbedürfnis. Und soviel Bewußtsein führt schließlich dazu, das Vergängliche zu verkleistern. Geliebter Zigeunerwagen!

Es gibt die Vergangenheitsgegenwart, die Zukunftsgegenwart, es gibt nichts, was vorhergeht, und nichts, was nachfolgt, nur was die Phantasie zu bieten hat.

Wir sind nicht mehr im Gekrümmten. Was uns vom Gewohnten abbringen wird, ist schon auf dem Wege. Dann werden wir Erde werden, Durst werden.

EMPFANG DES ORION

Wen sucht ihr braunen Bienen
Im Lavendel, wenn er erwacht?
Vorbeizieht euer dienstbarer König.
Blind ist er und verströmt sich ganz.
Jäger, so flieht er
Die Blumen, die ihn verfolgen.
Er spannt seinen Bogen, und da glänzt jedes Tier.
Hoch ist seine Nacht; Pfeile, wagt euer Glück.

Ein menschlicher Meteor hat die Erde als Honig.

ÉLOQUENCE D'ORION

Tu te ronges d'appartenir à un peuple mangeur de chevaux, esprit et estomac mitoyens. Son bruit se perd dans les avoines rouges de l'événement dépouillé de son grain de pointe. Il te fut prêté de dire une fois à la belle, à la sourcilleuse distance les chants matinaux de la rébellion. Métal rallumé sans cesse de ton chagrin, ils me parvenaient humides d'inclémence et d'amour.

Et à présent si tu avais pouvoir de dire l'aromate de ton monde profond, tu rappellerais l'armoise. Appel au signe vaut défi. Tu t'établirais dans ta page, sur les bords d'un ruisseau, comme l'ambre gris sur le varech échoué; puis, la nuit montée, tu t'éloignerais des habitants insatisfaits, pour un oubli servant d'étoile. Tu n'entendrais plus geindre tes souliers entrouverts.

CHANTS DE LA BALANDRANE (1977)

VERRINE

Le printemps prétendant porte des verres bleus et, de haut, regarde l'hiver aux yeux terre de Sienne. Se lever matin pour les surprendre ensemble! Je rends compte ici de ma fraîche surprise. Trois villages dans la brume au premier pli du jour. Le Ventoux ne tarderait pas à écarter le soleil du berceau gigantesque où trois de ses enfants dormaient emmaillotés de tuiles; soleil qui l'avait désigné souverain en s'élevant à l'est, riverain en le baignant encore avant de disparaître. Au clocher de l'église fourbue, l'heure enfonçait son clou, valet dont nul ne voulait plus.

BEREDTER ORION

Du ärgerst dich, einem Volk von Pferdeessern anzugehören, wo Geist und Magen unzertrennlich sind. Sein Lärm geht unter im Ereignis, das seiner Spitze verlustig gegangen ist wie die vom Brand befallenen Haferähren. Es war dir einst vergönnt, in der schönen, erhabenen Ferne die morgendlichen Gesänge der Rebellion ertönen zu lassen. Immer wieder neu erhitztes Metall deines Schmerzes, drangen sie bis zu mir, feucht von Unnachsichtigkeit und Liebe.

Und wenn es jetzt in deiner Macht stände, den Duft deiner Innenwelt auszudrücken, könntest du dich mit dem der Artemisia messen. Der Hinweis kommt einer Herausforderung gleich. Du würdest dich auf deinem Blatt ausbreiten wie ein über die Ufer tretender Bach, wie der graue Amber auf dem angeschwemmten Tang; und dann, in die Nacht steigend, würdest du dich von den unzufriedenen Einwohnern entfernen, vergessen, aber als Stern am Firmament. Und du hörtest nicht mehr deine klaffenden Schuhe knarren.

DAS LICHT DES STEUERHAUSES

Der werbende Frühling trägt blaue Gläser und schaut aus der Höhe auf den Winter mit sienafarbenen Augen. Früh aufstehen, um sie gleichzeitig sehen zu können! Ich halte hier meinen frischen Eindruck fest. Drei Dörfer im Dunst bei Tagesanbruch. Der Ventoux würde bald die Sonne von der gewaltigen Wiege, wo drei seiner Kinder in Ziegel gehüllt schliefen, entfernen, die Sonne, die ihn beim Aufgehen im Osten gekrönt hatte und seine Ufer vor dem Untergang noch umspülen sollte. Im Turm der ermatteten Kirche, eines Dieners, nach dem niemand mehr fragte, schlug die Zeit ihren Nagel ein.

COMME LE FEU SES ÉTINCELLES

Nous faisons nos chemins comme le feu ses étincelles. Sans plan cadastral. Nos vergers sont transhumants. Terre qui gémit pourrit dans l'espoir. Nous, polis sans raideur. Atteindre l'arbre équivaut à mourir. Parole d'aube qui revient chaque jour. Lieu qui tourne et ne s'use pas. L'épouvante, la joie, les dociles.

Je ne m'enfouirai pas dans les grottes de Neptune mais continuerai, trouble de ma raison, à me raconter: les cortèges d'arcs-en-ciel et de tempêtes sur les pierres roulées de la tour de Dionysos. O campanile de Céreste! Campanile, bulbe non amplifiable, soufflet de fer aux joues du vent équarrisseur.

SANS CHERCHER À SAVOIR

À Johannes Hübner (1921–1977).

Devoir se traverser pour arriver au port! Durée: la brûlure du chant d'un coq. Sera-ce un lieu chimique, riche du sang des leurres, propice au rocher sous le tumulus des ferveurs? Port dont le dessin ne fut pas tracé à l'aube, mais dont l'identité scintille dans l'égal. D'un cœur enfant, nous le présumons immense et adapté à nous. À nos longs antécédents, à notre constitution. Nos imageries, au fur et à mesure que nous nous en approchons, se réduisent, se révoquent et s'enneigent. Cendres ou source, confiez-vous à l'arbre des lointains, dernier-né de l'ormaie.

WIE DAS FEUER SEINE FUNKEN

Wir machen unsre Wege wie das Feuer seine Funken. Ohne Grundbuchplan. Unsre Obstgärten wandern wie Herden. Erde, die stöhnt, verrottet in der Hoffnung. Wir, höflich, aber nicht starr. Den Baum erreichen, heißt sterben. Morgenspruch, der jeden Tag wiederkehrt. Ort, der sich ändert und sich nicht verschleißt. Entsetzen und Freude, beide gelehrig.

 Ich werde mich nicht in die Grotten Neptuns vergraben, sondern, Störung meines Geistes, mir immer wieder erzählen, daß Regenbogen und Gewitter übers Steingeröll des Dionysos-Turms hinwegziehen. O Campanile von Céreste! Campanile, Zwiebel, die größer nicht sein kann, eiserner Balg mit den Backen des Abdeckerwinds.

OHNE WISSEN ZU WOLLEN

Für Johannes Hübner (1921–1977)

Sich durchqueren müssen, um in den Hafen einzulaufen! Dauer: der Brand eines Hahnenschreis. Wird es ein chemischer Ort sein, reich an Köderblut, dem Fels zugetan unter dem Grabhügel der Leidenschaften? Hafen, dessen Linien nicht bis ans Frühlicht reichen, dessen Identität aber im immer Gleichen funkelt. Kindlichen Herzens vermuten wir ihn unermeßlich und passend zu uns. Zu unserm Vorleben, zu unserer Körperlichkeit. Unsere Bilderfabrikation nimmt ab, je näher wir ihm kommen, hört auf, schneit ein. Asche oder Quelle, vertraut euch dem Baum der Fernen an, Letztgebornem im Ulmenhain.

FENÊTRES DORMANTES ET PORTE SUR LE TOIT (1979)

FAIRE DU CHEMIN AVEC...*

> My towers at last! These rovings end,
> Their thirst is slaked in larger dearth:
> The yearning infinite recoils
> For terrible is earth.
>
> *Herman Melville*
> *The return of the Sire de Nesle.*

> Mes tours enfin! Ces errances s'achèvent,
> Leur soif s'étanche en un manque plus vaste:
> L'infini désirant soudainement recule
> Car terrible est la terre.

Comme on s'extrait de l'épaisseur du soir, disparaître de la surface de ses livres pour que s'en déverse le printemps migrateur, hôte que notre corps non multiple gênait.

Nous avions retrouvé si aisément, dans le maquis, l'instinct de ramper que rencontrant la trace d'une couleuvre sur le sol caillouteux, nous appelions cette passée »les reptations perdues«. Avec une jalousie penaude.

Les utopies sanglantes du XXe siécle

Ni la corne totalitaire ni le paralogisme ne se sont logés dans notre front. La notion du juste et de l'injuste dans les faits usuels a tenu en haleine la sympathie.

L'hémophilie politique de gens qui se pensent émancipés. Combien sont épris de l'humanité et non de l'homme! Pour élever la première ils abaissent le second. L'égalité compose avec l'agresseur. C'est sa malédiction. Et notre figure s'en accommode.

Les Matinaux vivraient, même si le soir, si le matin, n'existaient plus.

WEGE MACHEN MIT...*

> My towers at last! These rovings end,
> Their thirst is slaked in larger dearth:
> The yearning infinite recoils
> For terrible is earth.
> *Herman Melville*
> *The return of the Sire de Nesle.*

> Meine Türme in Sicht! Die Irrfahrt vorbei,
> Ihr Durst gestillt in größrer Beschwerde:
> Das grenzenlose Sehnen schweigt,
> Denn schrecklich ist die Erde.

Wie man sich aus der Dichte des Abends herauszieht, von der Oberfläche seiner Bücher verschwinden, auf daß sich der wandernde Frühling darein ergieße, Gast, den unser Körper durch Mangel an Vielfalt beengt.

Wir hatten im Maquis so leicht den Kriechinstinkt wiedergefunden, daß wir, wenn wir auf dem steinigen Boden die Spur einer Natter trafen, solche Fährte »die verlorene Reptilität« nannten. Mit verschämtem Neid.

Die blutigen Utopien des 20. Jahrhunderts

Weder das totalitäre Horn noch der Trugschluß haben sich in unserer Stirn eingenistet. Das Wissen um Recht und Unrecht in den gewöhnlichen Handlungen hat das Mitgefühl bei Atem gehalten.

Die politische Blutrunst von Leuten, die sich emanzipiert wähnen. Wie viele sind begeistert für Humanität und nicht für den Menschen! Um jene zu erhöhen, treten sie diesen nieder. Die Gleichheit arrangiert sich mit dem Aggressor. Das ist ihr Fluch. Und unser Gesicht paßt sich dem an.

Die Morgendlichen würden leben, selbst wenn es den Abend, wenn es den Morgen nicht mehr gäbe.

QUANTIQUE

Ôtez tout espoir aux petits hommes de la terre;
Ne bredouillez pas leur effroi, blanchisseurs par Tantale enrichis;
Vous avez forcé la porte de l'Éden solaire,
Poussé vos bravoures à l'extérieur des tènements du vieux chemin.

Magiciens de l'ombre éblouissante,
Grimpe et s'accroît le divisible jasmin.
Aviez-vous peur dans vos premières chambres noires!
Puis vinrent votre ivresse, vos tables, vos échelles, rien.

Qui fut messager de l'annonce?
La serrure sous l'infini de vos clefs
Libéra un python ondulant dans sa nasse.
Ne nous dites surtout pas: »Bonsoir.«

IBRIM

Le souffle restait attaché à sa maigre personne comme un enfant se tient au bord d'une fenêtre ouverte sans pouvoir se reculer ni s'élancer. L'étroitesse des dons sous l'horizon plaidait pour sa souffrance, mais le temps qui sait n'incommodait pas ses heures, non plus que le vertige d'être au monde.

Quand mon ami Ibrim, le valet de charrue, fut porté en terre, quelque part une pendule d'angle onze fois le remercia. Lui proche de la mer et rendu à ses vignes.

QUANTENHYMNE

Bringt um alle Hoffnung die kleinen Menschen der Erde;
Stottert nicht auf ihrem Schrecken herum, Unschuldswäscher, reich
    an Tantalusqualen;
Ihr habt das Tor zum Himmelreich der Sonne aufgebrochen,
Eure Heldentaten über den Lebensbezirk der alten Menschenwege
    hinausgetrieben.

Magier des blendenden Dunkels,
Es klettert und vermehrt sich der Teilchen-Jasmin.
Hattet ihr Angst in euren ersten Dunkelkammern!
Danach kamen euer Rausch, eure Tafeln, eure Meßmethoden, nichts.

Wer war Überbringer der Ankündigung?
Die Verriegelung wird unter der Unerschöpflichkeit eurer Schlüssel
Einen Drachen losmachen, der sich in seinem Netz wälzt.
Sagt vor allem nicht uns: »Guten Abend.«

IBRIM

Der Atem haftete in seiner schmächtigen Gestalt unsicher wie ein Kind sich am Rahmen eines offenen Fensters hält, ohne rückwärtstreten noch hinausspringen zu können. Die armseligen Gaben unterderhand traten für sein Leiden ein, doch die Zeit, die Bescheid weiß, behelligte seine Tage ebensowenig wie das Schwindelgefühl, auf der Welt zu sein.
    Als mein Freund Ibrim, der auf dem Acker gearbeitet hat, zur Erde bestattet wurde, dankte ihm irgendwo im Winkel elfmal eine kleine Uhr. Nah am Meer er und seinen Rebstöcken zurückgegeben.

LÉGÈRETÉ DE LA TERRE

Le repos, la planche de vivre ? Nous tombons. Je vous écris en cours de chute. C'est ainsi que j'éprouve l'état d'être au monde. L'homme se défait aussi sûrement qu'il fut jadis composé. La roue du destin tourne à l'envers et ses dents nous déchiquettent. Nous prendrons feu bientôt du fait de l'accélération de la chute. L'amour, ce frein sublime, est rompu, hors d'usage.

Rien de cela n'est écrit sur le ciel assigné, ni dans le livre convoité qui se hâte au rythme des battements de notre cœur, puis se brise alors que notre cœur continue à battre.

LOIN DE NOS CENDRES (1982)

SE RÉCHAUFFER L'ARDEUR

Dans le froid, le vent, lancées vers vos montagnes,
Se confiant à leur rougeur,
Point d'ailes comme les vôtres, mes grives en décembre ;
Mois je baisse la tête et j'amarre à la rive,
Coureur de vertes eaux originairement ;
Oui, nous sommes pareils lorsque la peur nous crible
De son savoir jamais usé.

Le soleil disparut sur sa palette étroite,
Taisant son lendemain fatal.
Nous ouvrîmes de guerre lasse
Sur la terre enfantine l'écluse d'un bref sommeil.

(6 décembre 1981)

LEICHTSEIN DER ERDE

Die Ruhe – die Rettungsplanke? Wir fallen. Ich schreibe Euch im Fallen. So empfinde ich das Auf-der-Welt-Sein. Der Mensch zerstört sich ebenso sicher, wie er einst geschaffen wurde. Das Rad des Schicksals dreht sich rückwärts, und seine Zähne zerreißen uns. Bald fangen wir Feuer von der Beschleunigung des Falls. Die Liebe, dieser wunderwirkende Halt, ist zerbrochen, außer Gebrauch.

Nichts davon ist geschrieben auf den uns zugewiesenen Himmel oder in dem ersehnten Buch, das dem Rhythmus unseres Herzschlags nacheilt und dann zerbricht, während unser Herz weiterschlägt.

DIE GLUT ANFACHEN

In der Kälte, im Wind, gegen eure Berge geworfen,
Ihrer Röte vertrauend –
Keine Flügel wie ihr, meine Drosseln im Dezember!
Ich senke den Kopf und mache am Ufer fest,
Von Kind auf mit dem fließenden Wasser vertraut;
Ja, wir sind uns gleich,
Wenn die Angst uns durchlöchert
Mit ihrem nie benutzten Wissen.

Die Sonne verschwand auf ihrer schmalen Palette
Und verschwieg den unheilvollen nächsten Tag.
Wir öffneten, nach langem Zögern,
Auf der jungen Erde
Die Schleuse eines kurzen Schlafs.

(6. Dezember 1981)

LES VOISINAGES DE VAN GOGH (1985)

LES VOISINAGES DE VAN GOGH

Je me suis toujours senti un rien en avant de ma sertissante existence, le voisin de Van Gogh, que plusieurs saint-rémois m'avaient assuré être un peintre exalté, sinon peu sûr. Il sortait longuement la nuit, disparaissait entre d'epais cyprès que de rapides étoiles abordaient facilement, ou bien il ameutait le mistral à l'extrême avec la présence encombrante de son chevalet, de sa palette et de ses toiles ficelées à la diable. Ainsi chargé, il se dirigeait du côté de Montmajour, ruine signalée dangereuse. Arles et Les Baux, la campagne filante vers le Rhône étaient aussi les lieux d'errance et soudain de travail d'un peintre étrange par ses yeux et la rousseur de son poil, mais sans abord réel.

Ce n'est qu'un temps plus tard que fut jeté sur lui un rideau d'explications : cet habitué du bordel d'Arles était en fait un juste que l'asile de Saint-Paul-de-Mausole recueillit dément à quelques centaines de mètres de Glanum encore sous terre, et pourtant déjà désignée par une arche naturelle en berceau dans la montagne, que Van Gogh avait peinte dans l'un de ses tableaux avec le plus d'affinement. Je sus, en regardant ses dessins, qu'il avait jusque-là comme travaillé *pour nous seuls. Comment ne pas emprunter à l'espace-temps dont la source reste à l'écart du conte?*

Ce pays au ventre de cigale nous était pleinement communiqué par une main et un poignet. De quelle fournaise et de quel paradis Vincent Van Gogh surgissait-il? Et de quelle souffrance maîtresse tenait-il ces cailloux, ces iris et ces marais, ces étroits chemins, ces mas, ces blés, ces vignes et ce fleuve? Sublimes dessins! Longtemps après, ma vie serrée entre les barreaux de plusieurs malheurs me traquait dans une nature semblable! Je la distinguais et en tentais l'échange au fond des yeux de Vincent alors que ces derniers enrichissaient de leur vérité, de leurs fleurs nouvelles, les miens, mes yeux meurtris par la neige fondante non rejouée. Un chien qui me fut cher n'apparaissait plus pour à nouveau s'endetter à ma voix. La terre n'en finissait pas d'hésiter sur le prochain destin des hommes.

DIE NACHBARSCHAFT VAN GOGHS

Ich habe immer das Gefühl gehabt, meiner eigenen Existenz leicht voraus, Nachbar van Goghs zu sein, von dem mir mehrere Einwohner von Saint-Rémy versichert hatten, er sei ein schwärmerischer, wenn nicht sogar gefährlicher Maler. Er blieb nachts lange aus, verschwand zwischen dichten Zypressen, denen sich flüchtige Sterne mühelos näherten, oder versetzte den Mistral in Aufruhr mit seiner sperrigen Staffelei, seiner Palette und seinen hastig zusammengeschnürten Leinwänden. So beladen machte er sich auf den Weg in Richtung Montmajour, einer als gefährlich geltenden Ruine. Arles und Les Baux und der sich gegen die Rhone hin senkende Landstrich waren ebenfalls das Ziel der Streifzüge und bald die Arbeitsplätze eines Malers, der wegen seiner Augen und seines roten Bartwuchses auffiel, an den man aber *nicht wirklich herankam.*

Erst eine Zeitlang später wurde ein Gewebe von Erklärungen über ihn geworfen: Dieser ständige Gast des Bordells von Arles war in Wirklichkeit ein Gerechter, den die Anstalt von Saint-Paul-de-Mausole als Geistesgestörten aufnahm, einige hundert Meter von dem noch unter der Erde begrabenen Glanum entfernt, auf das jedoch ein natürliches Bogenfenster im Gebirge hinwies, das van Gogh auf einem seiner Gemälde mit vollendeter Meisterschaft gemalt hatte. Ich erfuhr bei der Betrachtung seiner Zeichnungen, daß er bis dahin gleichsam für uns allein *gearbeitet* hatte. War es nicht angebracht, eine Anleihe bei Raum und Zeit zu machen, deren Quelle außerhalb der Überlieferung liegt?

Dieses Land mit Zikaden im Bauch wurde uns offenbart durch eine Hand und ein Handgelenk. Welchem Höllenfeuer und welchem Paradies entstieg Vincent van Gogh? Und welchem schweren Leid entnahm er diese Kiesel, diese Iris und diese Sümpfe, diese Bauernhöfe, diese schmalen Wege, diese Kornfelder, diese Weingärten und diesen Strom? Herrliche Zeichnungen! Lange danach verfolgte mich mein zwischen den Gitterstäben mehrerer Mißgeschicke eingeschlossenes Leben in einer ähnlichen Umgebung! Ich nahm sie wahr und versuchte, sie mit den Augen Vincents zu sehen, während meine eigenen Augen, die unter dem schmelzenden, sich nicht erneuernden Schnee schmerzten, sich dank ihrer Wahrheit, ihrer neuen Blumen, bereicherten. Ein Hund, der mir lieb war, erschien nicht mehr, um sich wie üblich für meine Stimme erkenntlich zu zeigen. Die Erde war nach wie vor über das kommende Los der Menschen im ungewissen.

L'AVANT-GLANUM

Parmi les sorties violentes d'étoiles, nos tutoyeuses, une qui pousse un cri contre nous puis meurt, d'autres qui brillent une soirée d'impatience puis s'opposent, comme si de rien n'était, d'elles à nous. Seront-elles toujours surplombantes dans la Voie où nous étouffons, où nous étranglons?

L'effrayante familiarité des matières célestes avec leur entourage rutilant, baisé au rouge des hommes, ceux-ci non encore composés, moins encore archivés, ou seulement dès que les désirs des forains divins les ont révélés à leur possible de malheur. La plus proche lune, l'assoiffée, se montrera au juste instant de nos eaux vives.

Prend fin le portrait de tant de nullité et de crimes fendant le vide et l'espérance autant que la nausée, en suspension dans le peu d'air restant. Nous ne sommes pas matière à douter devant le rituel sablonneux laissé au rivage exténué des Saintes.

ÉLOGE D'UNE SOUPÇONNÉE (1988)

BESTIAIRE DANS MON TRÈFLE

Soupçonnons que la poésie soit une situation entre les alliages de la vie, l'approche de la douleur, l'élection exhortée, et le baisement en ce moment même. Elle ne se séparerait de son vrai cœur que si le plein découvrait sa fatalité, le combat commencerait alors entre le vide et la communion. Dans ce monde transposé, il nous resterait à faire le court éloge *d'une Soupçonnée, la seule qui garde force de mots jusqu'au bord des larmes. Sa jeune démence aux douze distances croyant enrichir ses lendemains s'illusionnerait sur la moins frêle aventure despotique qu'un vivant ait vécu en côtoyant les chaos qui passaient pour irrésistibles. Ils ne l'étaient qu'intrinsèquement mais sans une trace de*

DAS VOR-GLANUM

Unter den gewaltsamen Stürzen der Sterne, unserer Vertrauten, einer, der einen Schrei gegen uns ausstößt und stirbt, andere, die einen Abend voll Ungeduld glänzen und sich dann, als wäre nichts gewesen, gegen uns stellen. Werden sie immer über dem Weg hängen, wo wir erstikken, wo wir erwürgen?

Die erschreckende Vertraulichkeit der Himmelskörper mit ihrem rotleuchtenden Kreis, auf das Rot der Menschen gedrückt, die noch nicht fertig, schon gar nicht am Ende sind – oder erst dann, wenn die Gelüste der göttlichen Schausteller ihnen ihr Äußerstes an Unglück offenbart haben. Der nähere Mond, der durstige, wird sich im rechten Augenblick unserer Quellwasser zeigen.

Ein Ende nimmt das Abbilden so vieler Nichtigkeit und Verbrechen, das die Leere und die Hoffnung zerschlägt wie den Ekel, schwebend in der noch wenigen bleibenden Luft. Wir sind nicht aus dem Stoff, zu zweifeln vor dem sandigen Ritual, das am ausgezehrten Ufer von Saintes-Maries-de-la-Mer übriggeblieben ist.

LOB EINER VERDÄCHTIGEN

BESTIARIUM MEINES KLEES

Sprechen wir von dem Verdacht, die Dichtung habe ihren Ort mitten zwischen den Legierungen des Lebens, dem Andrang des Schmerzes, dem Vorrang, den sie beansprucht, und ihrer Selbsterniedrigung im gleichen Augenblick. Sie würde sich von ihrem wahren Kern nur trennen, wenn die Fülle ihre eigene Hinfälligkeit entlarvte, der Kampf dann begönne zwischen der Leere und der Gemeinschaft. Was uns zu tun bliebe in dieser verworrenen Welt, wäre der knappe *Lobpreis einer Verdächtigen*, der einzigen, die Wortkraft wahrt bis an den Rand der Tränen. Wenn ihr junger Wahn über zwölf Entfernungen ihre künftigen Tage zu bereichern glaubte, täuschte er sich über das keineswegs harm-

caprice. Venus d'où? D'un calendrier bouleversé bien qu'uni au Temps, sans qu'en soit ressentie l'usure.

Verdeur d'une Soupçonnée...

La fatigue est favorable aux animaux généreux, quand nous nous montrons sensibles à leur existence oppressée.

Nausée après un précipité de rêves. Ensuite un souffle original de terreur et de bonheur. Peu en somme.

Qu'est devenu le loup par ces temps d'abandon? Il s'aligna sur l'homme quand il constata qu'il ne pouvait se plier à celui-ci; et la cage s'ouvrit la première devant l'espace de sa mort, au ras de ses pattes pressées.

RICHE DE LARMES*

Quand s'achève au vrai la classe que nous continuons de fréquenter à l'insu de notre âge, il fait nuit sur soi. À quoi bon s'éclairer, riche de larmes?

La Passante-Servante, tantôt frêle tantôt forte, dont l'employeur en titre nous reste inconnu, perce l'ombre, s'empresse autour des fruits tardifs.

Ce qui fait notre figure non dissimulable: nous nous tenons, notre existence durant, à mi-chemin du berceau séduisant et de la terre douteuse. Nous pouvons apprendre les événements à venir, mais sans les dater. Nous ne les prédirons pas, ils seront reçus avant leur heure.

Merveilleux moment que celui où l'homme n'avait nul besoin de silex, de brandons pour appeler le feu à lui mais où le feu surgissait sur ses pas, faisant de cet homme une lumière de toujours et une torche interrogative.

lose tyrannische Abenteuer, daß ein Lebender in Fühlung gelebt habe mit Chaos-Welten, die für unwiderstehlich galten. Und das waren sie schon von ihrem Wesen her, ohne eine Spur von Willkür. Woher sie gekommen? Von einem Kalender, völlig verdreht und doch einig mit der Zeit, ganz ohne Anzeichen von Verschleiß.

Frische einer Verdächtigen...

Die Müdigkeit begünstigt die edlen Tiere, wenn wir uns empfänglich zeigen für ihre unterdrückte Existenz.

Brechreiz nach Traum-Niederschlag. Danach ein ursprünglicher Hauch von Schrecken und Glück. In summa wenig.

Was haben diese verkommenen Zeiten aus dem Wolf gemacht? Er richtete sich nach dem Menschen, als er erklärte, daß er sich ihm nicht anpassen könne; und der Käfig öffnete sich erstmalig vor dem Raum seines Todes, dicht neben seinen eiligen Pfoten.

REICH AN TRÄNEN*

Wenn wahrhaftig Schluß ist mit der Klasse, die wir noch immer, unerachtet unseres Alters, besuchen, ist es Nacht über einem. Wozu hell werden, reich an Tränen?

Die dienend vorüberzieht, bald schwächlich, bald stark, deren ständiger Arbeitgeber uns unbekannt bleibt, dringt in den Schatten, ist bemüht um späte Früchte.

Warum unsere Gestalt sich nicht verheimlichen läßt: wir halten uns unser Leben lang halbwegs zwischen der verlockenden Wiege und der zweifelhaften Erde. Wir können die künftigen Ereignisse studieren, aber nicht datieren. Wir werden sie nicht voraussagen, sie werden vor ihrer Zeit zu spüren sein.

Wunderbarer Augenblick, als der Mensch keinen Feuerstein nötig hatte, keine Lunten, um das Feuer zu sich zu rufen, als das Feuer vielmehr aus seinen Schritten hervorbrach, so diesen Menschen zu einem dauernden Licht machte und zu einer fragenden Fackel.

Dépliement sous l'écorce,
Cassure dans la branche.
Repli vers la branche avec l'aide du vent seul.

Lacrymale la rosée;
Vespéral le sel.

Je me tenais penché, à mon corps et à mon esprit défendant, comme on se tient au bord d'une haute fenêtre sans pouvoir s'en détacher, à l'écoute de l'interlocuteur: cette souffrance a duré toute ma vie.

Nous sommes désunis dans nos mille motifs.
Demain ne nous suffit pas,
Demain devrait suffire.
Douloureux sera demain,
Tel hier.

Vite, il faut semer, vite, il faut greffer, tel le réclame cette grande Bringue, la Nature; écœuré, même harassé, il me faut semer; le front souffrant, strié, comme un tableau noir d'école communale.

Le secret, serait-ce le lendemain non ramené à soi? Ce qui grandit semble s'unir de plus en plus étroitement pour une nuit inspirée tout autant que pour un jour façonné.

Staël est parti, sans un pas dans la neige en se sachant sur le sol de la mer, puis dans la bourre du chemin.

Pourquoi changer la pente du chemin qui conduit du bas jusqu'au sommet et que nous n'avons pas le temps ni la force de parcourir en entier?

L'art est fait d'oppression, de tragédie, criblées discontinûment par l'irruption d'une joie qui inonde son site, puis repart...

    Entfaltung unter der Rinde,
    Bruch in dem Ast.
    Wende zum Ast hin nur mit Hilfe des Windes.

    Tränenschwer der Tau;
    Abendschwer das Salz.

Ich hielt mich gebückt, an Körper und Geist, aus Notwehr, wie man sich an der Kante eines hohen Fensters hält, ohne sich davon lösen zu können, der Rede des anderen lauschend: dieses Leiden währte mein Leben lang.

    Wir sind uneins in unseren tausend Motiven.
    Morgen genügt uns nicht,
    Morgen müßte genügen.
    Morgen wird schmerzhaft sein,
    Wie gestern.

Rasch, man muß säen, rasch, man muß pfropfen, wie es jene große Ungeschlachte, die Natur, verlangt; angewidert, entkräftet sogar, muß ich säen; die Stirne schmerzgewohnt, zerschrammt, wie eine schwarze Tafel in der Grundschule.

Wäre dies das Geheimnis: das noch nicht zu sich selbst gebrachte Künftige? Was wächst, scheint sich immer enger zusammenzuschließen für eine inspirierte Nacht sowohl wie für einen gestalteten Tag.

Staël ist aufgebrochen ohne einen Schritt in den Schnee, er wußte sich auf dem Grund des Meeres, dann im Gestrüpp des Weges.

Warum die Neigung des Weges ändern, der vom Fuß bis zum Gipfel führt und den ganz zu durchschreiten wir weder die Zeit noch die Kraft haben?

Die Kunst ist aus Bedrängnis entstanden, aus Tragik, von Zeit zu Zeit durchbrochen von einem Freudenschwall, der ihren Ort überflutet, dann wieder abzieht.

Laissons l'énergie et retournons à l'énergie. La mesure du Temps? L'étincelle sous les traits de laquelle nous apparaissons et redisparaissons dans la fable.

La seule liberté, le seul état de liberté que j'ai éprouvé sans réserve, c'est dans la poésie que je l'ai atteint, dans ses larmes et dans l'éclat de quelques êtres venus à moi de trois lointains, celui de l'amour me multipliant.

À présent, j'ai quitté mon sort. Je me suis immergé. Au terme d'un si bas malheur, je rencontrai la face grêlée d'une étoile dans le canal, avant l'aube.

Un sablier trop belliqueux se coule dans un Temps ancien et non sans retour.

RARE LE CHANT...

Rare le chant du bouvreuil triste,
L'hiver admiré du Ventoux;
L'an nouveau décuple les risques;
Joue, amour, dégoutte à merci
Dessus, le plus souvent dessous,
L'écervelée source séduite.
Le soleil divisé devient ce soir gravide.

Lassen wir die Energie und kehren wir zur Energie zurück. Das Maß der Zeit? Der Funke, unter dessen Strahlen wir erscheinen und wieder verschwinden in die Sage.

Die einzige Freiheit, der einzige Zustand der Freiheit, den ich bis auf den Grund erfahren habe, existiert in der Dichtung, die mir erreichbar war, in ihren Tränen und in dem Aufblitzen einiger Wesen, aus drei Fernreichen zu mir gekommen, wobei das der Liebe mich vervielfältigt hat.

Ich habe mich, jetzt, verabschiedet von meinem Schicksal. Ich bin untergegangen. Am Endpunkt eines so tiefen Unglücks traf ich auf das Pockengesicht eines Sterns im Kanal, vor Morgengrauen.

Eine allzu kriegerische Sanduhr schlüpft in eine vergangene Zeit, und nicht ohne Wiederkehr.

RAR SCHÖNES LIED...

Rar schönes Lied des traurigen Dompfaffs,
Der herrliche Winter des Ventoux;
Das neue Jahr wird zehnmal rauher;
Liebe, so spiel, riesele nur zu,
Steigend und öfter noch stürzend,
Verstörte, verführte Quelle.
Aus der gespaltenen Sonne wird dieser schwangere Abend.

s'éloigner, se courber fermement,
son aurore dans le dos, aux
lentes péripéties d'une montagne
aimée.

N'étions-nous pas venus à l'heure
des présages et des traces d'un mal
sans rémission faire le complément
d'une lucidité ?

     1974

KOMMENTARE
ZU DEN GEDICHTEN

JEAN VOELLMY

»Orte, wo wir niederknieten, um zu trinken«
Die Provence im Werk René Chars

Obwohl René Char in L'Isle-sur-Sorgue, einem Marktflecken zwischen Fontaine-de-Vaucluse und Avignon, geboren ist und es ihn immer wieder dorthin zurückgezogen hat, taucht die Provence erst spät in seinem Werk auf. Lag dies am Mißtrauen gegenüber seiner Vaterstadt oder an seinem Wunsch, sich von allem Althergebrachten abzusetzen? Vielleicht auch am Nonkonformismus, den die Surrealisten, denen er sich 1929 in Paris angeschlossen hatte, propagierten? Die kurzen, schwerverständlichen Verse, die er in den dreißiger Jahren schreibt, weisen auf keine bestimmte Gegend hin, auch wenn der Titel seiner ersten Aphorismensammlung, ›Moulin premier‹, den Einfluß seines Geburtsortes durchblicken läßt. Die »moulins premiers« waren die ältesten Papiermühlen von L'Isle, wo es heute noch Dutzende von Wasserrädern gibt, und der Symbolik des Rades kommt in seiner Dichtung eine besondere Bedeutung zu.

Es scheint, als ob es eines Ortswechsels bedurft hätte, um Char seine engere Heimat näherzubringen. Am 1. September 1939 fällt die deutsche Armee in Polen ein, zwei Tage darauf erklären England und Frankreich Deutschland den Krieg. Char wird eingezogen und kommt als Artillerist in die nördlichen Vogesen. Statt die Zeit hinter schweigenden Kanonen zu vertrödeln, streift er mit einem Kameraden in den Wäldern zwischen Hinsbourg, Struth, Petersbach und La Petite-Pierre umher und rekognosziert im Einverständnis mit seinem Batteriekommandanten Nachschubwege. Diese Nachtpatrouillen in den tief verschneiten Wäldern des Elsaß haben den Dichter geprägt. Die im Krieg geschriebenen Gedichte lassen eine Verbundenheit mit der Landschaft ahnen, zu der er sich bisher kaum bekannte.

Nach dem Zusammenbruch Frankreichs und der Unterzeichnung des Waffenstillstandes kehrt Char in die Provence zurück und knüpft Beziehungen mit vertrauenswürdigen Persönlichkeiten an, um den Widerstand gegen die Besatzungsmacht zu organisieren. Da er als früherer Surrealist den Behörden von Vichy verdächtig ist, verläßt er L'Isle und sucht in Céreste, in den Bergen der Haute-Provence, Zuflucht. Von hier aus leitet er als Führer einer Partisanengruppe die ersten Einsätze gegen die italienische Armee, die sich nach dem 11. November 1942 zu einem unerbittlichen Kampf mit den Deutschen entwickeln.

René Char ist nicht auf dem Lande aufgewachsen, sondern in einer Kleinstadt, und sein Elternhaus war eine Villa aus der Jahrhundertwende mit Schnörkeln und Türmchen. Sein Vater, Verwalter der Gipswerke des Departements Vaucluse, war Bürgermeister von L'Isle. Nach dem Verlassen des Gymnasiums hat der Dichter vorwiegend in Marseille und Paris gelebt und frisch-fröhlich das väterliche Erbe durchgebracht (sein Vater war 1918 gestorben). Erst im Krieg und in der Résistance wird er mit den Sorgen und Nöten des einfachen Mannes konfrontiert. *Zwischen der Welt der Wirklichkeit und mir besteht heute keine Mauer mehr* (*plus d'épaisseur triste*), notiert er in den ›Aufzeichnungen aus dem Maquis‹ (›Feuillets d'Hypnos‹). Der Partisanenkampf bringt ihn mit allen Schichten der Bevölkerung in Kontakt, und bei den ständigen Verschiebungen, die die Guerilla erfordert, lernt er die Gegend zwischen Apt, Banon, Forcalquier und dem Bergzug des Luberon kennen.

Hätte sich Char wie André Breton und andere Surrealisten nach Amerika abgesetzt, so wäre er ein in sich selbst versponnener Dichter geblieben, der nie aus seinem Narzißmus herausgewachsen wäre. Der Krieg jedoch bringt ihn dazu, seine Widersprüche zu überwinden. Als Führer einer Partisanengruppe muß er sich zu klaren Entscheidungen durchringen und seine Sprache vereinfachen. Dabei kommen ihm seine Erfahrungen als Dichter zugute. Char ist es gewohnt, mit dem Unbekannten umzugehen. *Comment vivre sans inconnu devant soi?* fragt er in ›Zorn und Geheimnis‹ (›Fureur et mystère‹, 1948). Er hat gelernt, lange in Lauerstellung zu verharren und sich auf die Eingebung zu stürzen, sobald sie aufblitzt. Das Leben im Freien, der Umgang mit Landarbeitern, Handwerkern, Fremdenlegionären und Wilderern sagt seiner kräftigen Natur zu, so daß gleichsam von heute auf morgen aus dem Dichter, dem Träumer (*Hypnos*) ein großartiger Kämpfer wird.

Die im Maquis gemachten Erfahrungen finden in den nach dem Krieg erschienenen Büchern ihren Niederschlag, vor allem in ›Zorn und Geheimnis‹ und ›Wanderer in den Morgen‹ (›Les Matinaux‹, 1950). Die neue Dimension seiner Dichtung, die Spannung zwischen Erlebtem und Empfundenem, Konkretem und Abstraktem, ihr Bilderreichtum und ihre lyrische Kraft, wird von bedeutenden Kritikern wie André Rousseaux (›Le Figaro littéraire‹), Gaëtan Picon (›Panorama de la nouvelle littérature française‹) und Georges Mounin (›Avez-vous lu Char?‹) gewürdigt, und die Freundschaft mit Albert Camus öffnet Char den Zugang zum Verlagshaus Gallimard. Dank der Galeristin Yvonne Zervos lernt der Dichter die großen Maler der Moderne kennen und gibt mit ihnen Luxusbände heraus. Die Verdienste, die er als Widerstandskämpfer erworben hat, machen seinen Namen bekannt und erweitern den Kreis seiner Bewunderer, obgleich seine Gedichte hohe Anforderungen an den Leser stellen.

Um seine Arbeit den Freunden aus der Provence, die sich gerne mit ihm unterhalten, aber kein Verhältnis zur Dichtung haben, zugänglich zu machen und um alle in ihm schlummernden Kräfte zu wecken, wendet sich René Char nach dem Krieg dem Theater zu. Seine Stücke haben aber nichts mit der üblichen Dramaturgie zu tun. ›Die Sonne der Wasser‹ (›Le Soleil des eaux‹, 1946) ist ein »Schauspiel für ein Fischergemälde«, ›Auf den Höhen‹ (›Sur les hauteurs‹, 1947) eine »vergängliche Inschrift«, ›Claire‹ (1948) ein »Theater im Grünen«, ›Der Mann im Sonnenstrahl‹ (›L'homme qui marchait dans un rayon de soleil‹, 1949) ein »Aufstand in einem Akt«. Diese Untertitel öffnen der Phantasie einen Spielraum, den die Definition, die der Dichter von seinem Stück ›Die Sonne der Wasser‹ gibt, wieder einschränkt: etwas Theaterähnliches, das Leben in der dritten Potenz (nicht in der zehnten, wie die Dichtung), welches die Geheimnisse der Landschaft einbezieht, ebenso wie die Notwendigkeit der Revolte, sei sie erfolgreich oder nicht. Welches Gewicht man auch immer dem Theater Chars beimißt, es ist für das Verständnis seiner Dichtung von eminenter Bedeutung. Da uns der Dichter die Umstände, unter denen die Gedichte geschrieben worden sind, vorenthält und alles, was erzählender, beschreibender Art ist, streicht, erschwert er uns deren Zugang. Dank dem Theater gelingt es uns aber, in seine Welt einzudringen, mit ihr vertraut zu werden und zu erahnen, was in seinen Worten mitschwingt. Im Gegensatz zu den Gedichten sind die Stücke auch für einen deutschsprachigen Leser leicht verständlich. Sie machen uns mit der Landschaft des Dichters vertraut, mit ihrer Metaphorik und Poetik.

Char ist nicht nur Lyriker, sondern auch ein Meister der Prosa. Mit knappen Worten hält er das Wesentliche fest, die Ausgangslage des Stückes ›Die Sonne der Wasser‹ mag dies belegen. L'Isle ist in dem

Stück in Saint-Laurent umbenannt worden, die Sorgue heißt Crillonne:

> *Im Comtat Venaissin: der Berg der Fontaine de Vaucluse, wo die Crillonne entspringt. Spitze Felsen, Steinblöcke, verkrüppelte Sträucher, deren karge Linien und starre Erscheinung einen schroffen Kontrast zur verschwenderischen Fülle des Wassers bilden, das sprudelnd aus dem Hang des Berges hervorquillt. Raubvögel kreisen müßig in der Höhe, über dem Abgrund, der sie an seinen dunklen Spiegel kettet. In der Ferne die grünende Ebene, der Turm einer romanischen Kirche, welche aus der Hitze herausragt: der Marktflecken Saint-Laurent. Die Crillonne, in deren Lauf sich Wolkenfetzen spiegeln, windet und zieht sich in abgeklärter Ruhe durch Felder und Dörfer. Am Fuße des Berges, ein kurzes Stück den Fluß überdeckend, eine eben erbaute Fabrik, die sich unwillig ihres Gerüstes entledigt. Die Boote der Fischer mit ihren langen Stangen gleiten geschäftig und flink im Spiel der Strömung hin und her. Alle Komponenten unseres Dramas liegen, noch schlummernd, offen da. Die Sonne ist eben aufgegangen.*

Der Gegensatz zwischen der kargen Gebirgslandschaft und dem wasserreichen Schwemmland westlich von L'Isle, den der Dichter hier aufzeigt, ist sowohl für sein Leben wie auch für sein Werk bezeichnend. Das Territorium, das befruchtend auf seine Dichtung gewirkt hat, umfaßt die Einzugsgebiete der Sorgue und des Calavon (in seinem Unterlauf Coulon genannt), im Norden vom Mont Ventoux, dem Plateau de Vaucluse und der Montagne de Lure begrenzt, im Süden vom Bergzug des Luberon: eine Ellipse, deren zwei Brennpunkte L'Isle-sur-Sorgue und Céreste sind, seine Vaterstadt und der Ort, wo er während des Widerstandskampfes untergetaucht ist.

Trotz der im Maquis erworbenen Vertrautheit mit Land und Leuten und trotz der Fabulierlust, die sich in den Theaterstücken offenbart, halten sich die Hinweise auf die Provence in den nach dem Krieg veröffentlichten Gedichtbänden in Grenzen. Der Dichter hat die Erinnerungen an seine Kindheit und die Erlebnisse der Résistance noch nicht bewältigt, und die Orte, deren Namen er in seine Texte einfließen läßt, stehen nicht im Mittelpunkt. Char glaubte, seine Gedichte, die er wie Diamanten von allen Schlacken befreite, kämen ohne Kommentar aus.

Im Gespräch jedoch ging er auf die Situation, in der sie verfaßt worden waren, ein und erhellte damit ihren Sinn. Seine Dichtung ist gleichzeitig in seinem Leben und seiner Heimat verankert und von universaler Tragweite. Sie lebt aus dieser Spannung, aus dem Gegensatz zwischen diesen zwei Polen.

In den ›Aufzeichnungen aus dem Maquis‹ gedenkt Char der Männer und Frauen, die im Untergrund mit ihm zusammengearbeitet haben, in ›Wanderer in den Morgen‹ der Landstreicher, die er in seiner Jugend gekannt hat (*les Transparents*), arglose Menschen, die sich in Versen mit den Einwohnern unterhielten und denen man, angeregt durch ihre Wortgewandtheit, Brot, Wein, Salz und Zwiebeln gab und bei Regenwetter auch ein Strohlager für die Nacht. Bevor die Poesie ihre Form findet, lebt sie in der Sprache der Menschen, die im Einklang mit den großen Werken der Schöpfung stehen.

Im Gedichtband ›Das Wort als Inselgruppe‹ (›La Parole en archipel‹, 1962) gewinnt Char Distanz zu den Ereignissen des Krieges und verarbeitet sie anhand der Felsbilder von Lascaux und seiner Totemtiere. Diese Tiere sind: der Stier, die Forelle, die Schlange und die Lerche. Sie könnten, namentlich der Stier, als die Wahrzeichen der Provence angesehen werden. Aber die Dichtung Chars hat nichts mit den Félibres und der Folklore zu tun. Char zollt den Tieren Bewunderung, weil sie Gefahren ausgesetzt sind und den Dichter verkörpern: der Stier als Kämpfer auf verlorenem Posten, die Forelle als Opfer der Industrialisierung (›Die Sonne der Wasser‹), die Schlange, weil ein Fluch auf ihr lastet, und die Lerche, weil sie dem Licht zustrebt.

Im Zyklus, der den Titel ›Der verlorene Nackte‹ trägt (›Le nu perdu‹, 1971), vor allem in ›Rückkehr stromauf‹ (›Retour amont‹), tritt die Provence endlich in den Vordergrund. Diese Rückkehr ist aber für den Dichter kein Zurück zu seinen Ursprüngen, obgleich das Wort »amont« auf den Mont Ventoux weist, wo sein Großvater als Findelkind in Kost gegeben worden war, sondern ein Zurück zu sich selbst, zu den einfachen Denkformen, zu denen er sich bereits im Maquis hat durchringen müssen, zur fragenden Demut seiner Jugend. Jahre sind vergangen, seit das Elternhaus im Névons-Quartier von L'Isle versteigert worden ist und der parkartige Garten häßlichen Mietskasernen hat weichen müssen. Char lebt abseits des Verkehrs in einem kleinen, weißgetünchten Haus zwischen L'Isle und Saumane. Wer das Privileg gehabt hat, in Les Busclats (der Name bezeichnet ein von Gestrüpp überwachsenes wasserarmes Gelände) empfangen zu werden, wird das Arbeitszimmer Chars nicht vergessen: den Kamin, in dem fast immer ein Holzklotz brannte, die Zeichnungen und Aquarelle befreundeter Künstler an den Wänden, die Manuskripte auf dem Tisch und die Korrespondenz im Papierkorb.

Hier und bei Wanderungen besinnt sich der Dichter auf seine Heimat und führt mit ihr ein Zwiegespräch. Denn die Orte werden nicht beschrieben, René Char legt seine Gedanken in sie hinein oder läßt sich von ihnen inspirieren wie Cézanne. Es findet ein Austausch zwischen dem Dichter und der Landschaft statt, eine gegenseitige Durchdringung, von der beide profitieren.

Die Wölfe, die im letzten Jahrhundert die Herden und die verlassenen Höfe des Plateau de Vaucluse heimsuchten, sind heute ausgestorben, aber sie leben in der Erinnerung Chars weiter. Ihr Schicksal gleicht dem seinen: Einsam, grausam verfolgt, sind sie durch die erlittenen Qualen geadelt worden. Der Wolfshunger ist sprichwörtlich. *Mich hungert so sehr [...]*, schreibt der Dichter im Maquis.

Dieser Wolfs-Mythos wird im Band ›Duftquellen, diese Jäger‹ (›Aromates chasseurs‹, 1975) vom Orion-Mythos abgelöst. Orion war ein wilder Jäger von großer Schönheit, der, von Artemis getötet, in ein Sternbild verwandelt worden ist, das wir in Winternächten am Himmel wahrnehmen. René Char, der von seinem Freund, dem Büchsenmacher Jean-Pancrace Nouguier, in die Sternkunde eingeführt worden war, identifiziert sich im Gedichtzyklus ›Aromates chasseurs‹ mit diesem Helden und teilt sein Los.

Die ›Gesänge der Balandrane‹ (›Chants de la Balandrane‹, 1977) führen uns auf die Erde zurück. Der Band ist nach einem Gehöft am Fuße des Plateau de Vaucluse benannt, das erste Gedicht, ›Weide der Genestière‹ (›Pacage de la Genestière‹), nach einer Waldlichtung zwischen Venasque und Murs. Doch erfahren wir aus einem Anhang, in dem René Char auf die verschiedenen Bedeutungen des Wortes »Balandrane« eingeht, daß diese Namen nur Aufhänger für Gedanken sind, die sich ihm bei seinen Streifzügen durch die Umgebung aufgedrängt haben und somit mehr über den Rahmen, in dem sie gewachsen sind, als über deren Gehalt aussagen. *Ich brauche die Stimme und ihr Echo*, schreibt er im Anhang.

Die historischen Stätten der Provence werden bei Char nur nebenbei erwähnt und nur im Zusammenhang mit einem persönlichen Erlebnis.

Der Dichter war den provenzalischen Festen, wie sie um die Jahrhundertwende florierten, abhold und hat sich im Gegensatz zu Mistral nie öffentlich feiern lassen. In einem Kommentar zu seinem Gedicht über Les Baux empört er sich, daß die Händler von diesem unvergleichlichen Ruinenfeld Besitz ergriffen haben. Im letzten zu seinen Lebzeiten erschienenen Gedichtband, ›Die Nachbarschaft van Goghs‹ (›Les Voisinages de Van Gogh‹, 1985), ist von Arles, Montmajour und Saint-Paul-de-Mausole die Rede, weil sich der Dichter dem Maler van Gogh verwandt fühlte und gegen Ende seines Lebens daran dachte, sich in der gleichen Klinik wie er pflegen zu lassen.

Nimm dich deines Hauses an, lehne es ab, lesen wir in den ›Aufzeichnungen aus dem Maquis‹. René Char stand in einem zwiespältigen Verhältnis zur Gegend, in der er lebte, was ihn nicht daran hinderte, sie in seine Werke einzubeziehen. *Mein Land dient mir zu meinen Gedichten*, schrieb er einem Freund, *ich selbst aber stehe im Widerspruch zu seinem Geist*. Die Provence war nie Mittelpunkt seiner Dichtung, Char war alles andere als ein Heimatdichter. Wenn sie trotzdem im Werk präsent ist, viel stärker sogar, als er sich dessen bewußt war, so dank der Bilder, die er gebrauchte, dank seiner Metaphorik.

L'Isle war ursprünglich ein Fischerdorf auf einer Insel der Sorgue. Das Wasser der Fontaine de Vaucluse teilt sich oberhalb des Städtchens in fünf Arme, die den Ort wie ein ländliches Venedig durchqueren, um alsbald über die Ebene von Carpentras in einem Netz von Kanälen der Rhone zuzufließen. Der Sorgue verdanken die Bewohner der Gegend ihren Wohlstand. Es waren zunächst die Fischer von L'Isle, die das Monopol der Fischerei von der Quelle bis zur Mündung hatten, dann die Fabrikanten, die die Wasserkraft nutzten, und endlich die Bauern, die dank dem Wasser das Land zu einem üppigen Gemüse- und Obstgarten machten. Der Park von Chars Elternhaus grenzte an einen Seitenarm der Sorgue, und wenn der Knabe unter der Gewalttätigkeit seines älteren Bruders litt, fand er an dessen Ufer Zuflucht. Bei dieser Verbundenheit mit dem Wasser ist es nicht verwunderlich, daß es zu einem der beliebtesten Bilder des Dichters wurde.

In den ›Aufzeichnungen aus dem Maquis‹ notierte Char (frei übersetzt): *Wir irren um Brunnen herum, denen man das Wasser entzogen hat*. Nach dem Krieg will er das Gefälle der tausend Bäche, die das Fieber der Menschen lindern, steigern, damit sie frisch und fruchtbar bleiben und nicht versickern. Der Dichter beflügelt unsere Phantasie, er ist Rutengänger, Brunnenbauer, er zieht die Quelle aus ihrem Verlies, auf die Gefahr hin, daran zu zerbrechen. Als ihm schien, sein Leben sei ein vertrocknetes Bachbett, stieß Char auf eine Quelle, bei der ein Stein mit der Inschrift »Freundin« (»Amie«) lag: ein Wink für den Vorübergehenden. In ›Rückkehr stromauf‹ wird die gemeinschaftsbildende Funktion eines kuppelartigen Brunnens mit derjenigen der Dichter verglichen. Die Jugend traf sich früher auf dem Platz vor dem Waschhaus von Mollans zum Tanz. Die Brunnen sind Rastplätze, Orte der Erholung. Wenn das Wasser versiegt, liegt es am Dichter, es wieder zum Reden, zum Fließen zu bringen.

Das Stück ›Claire‹ lebt von der Symbolik des Wassers. Die Sorgue, hier Claire genannt, bildet den Hintergrund der kurzen Szenen. Bald stürmisch, bald schwerflüssig, spiegelt sie die Stimmung der Menschen wider, die an ihrem Ufer wohnen, wobei auch die meisten Frauen ihren Namen tragen. Es findet ein Hin und Her zwischen dem Fluß und den Eigenschaften, die er verkörpert, statt. Und hier liegt das Einzigartige von Chars Metaphorik. Das fließende Wasser wird zum Bild menschlichen Verhaltens, ohne seine ursprünglichen Eigenschaften, seine Frische, seine Reinheit, zu verlieren. Char schreibt es im Prospekt: Um das Stück zu verstehen, muß man ans Ufer des Flusses gehen, sich in seinen Anblick vertiefen, sich ihm anvertrauen. Auf dem Heimweg tut man gut daran, durch die Felder zu schlendern, die vom Fluß bewässert werden, und in die Häuser zu treten, wo seine Nähe spürbar ist.

Wir wohnen in den Werken Chars einem schillernden Spiel bei, bei dem der Dichter, ebenso wendig wie das Wasser, von der Sache zum Bild geht und umgekehrt und uns sowohl die Sache als auch den Gedanken, den sie versinnbildlicht, näherbringt. Es wird im Prospekt von ›Claire‹ besonders deutlich. Der Dichter schreibt, wenn er die Hand des Mädchens berühre, spüre er das sanfte Fieber des steigenden Wassers. Es streife ihn und umfasse ihn im Fließen und verjage seine trübsinnigen Gedanken.

Was von der Metapher gesagt worden ist, gilt auch für die Mythen: den Wolfs- und den Orion-Mythos. Sie sind eng mit dem Leben des Dichters verbunden: der Wolfs-Mythos mit seinen Vorfahren, der Orion-Mythos mit seiner Jugend, seiner Größe (Char maß 1 m 92) und dem Ausblick, den er nachts von seinem Haus aus auf das Himmelsgewölbe genoß. So schrieb er 1977 als Antwort auf einen Neu-

jahrsgruß: *Orion ist jede Nacht über Les Busclats. Gegen zwei Uhr morgens geht er anderswo jagen, treffender gesagt, anderswo träumen.*
Wenn das Wasser von den Bergen stürzt, trägt es den Boden ab und bringt ihn in tiefere Regionen. Diese fruchtbare Ablagerung hat Char zu einem seiner schönsten Bilder angeregt. Leider ist das französische Wort »limon«, das der Dichter üblicherweise dafür braucht, schwer zu übersetzen, da das deutsche »Schlamm« mit negativen Gefühlswerten verbunden ist. Man kann den Dichter nicht mit »einem Sturzbach voll hellen Schlamms« (*ce torrent au limon serein*) vergleichen, und die Frucht seiner Auseinandersetzung mit seiner Zeit ist kein »beginnender Schlamm« (*le premier limon*). Das deutsche »Schlamm« entspricht dem französischen »boue«, das der junge Char bei einer Attacke gegen das Christentum braucht (*der Schlamm des Himmels, la boue du ciel*), möglicherweise auch dem Wort »fange«. Vielleicht könnte man »limon« mit »Humus« übersetzen, einem Bild, das der Dichter für die im Maquis engagierte Jugend verwendet: Sie war *vielversprechender Humus für den Spaten der Hoffnung* (*humus docile à la bêche de l'espérance*).

Nahe verwandt mit dem Bild des Schwemmlandes ist das Bild des Deltas, das Char ebenfalls geläufig ist. Doch erst, wenn sich ein Bild ins andere fügt, wenn sich eine Landschaft abzeichnet, die den Gedanken des Dichters durchblicken läßt, spüren wir seine Tragweite. Solche Bilder finden sich in allen Werken, von den frühesten bis zu den letzten, was sich an einigen Beispielen zeigen läßt:

Am Ende des Flußarms ist die Hand aus Sand, die alles, was durch den Fluß geht, aufschreibt. (Pl, S. 77[1])

Ich bin der Mann der Ufer – Aushöhlung und Entzündung –, da ich nicht immer Wildbach sein kann. (Pl, S. 217)

Niemand erklärt sich bereit, das zu verlieren, was er unter unendlichen Mühen errungen hat. Sonst kämen Jugend und Anmut zurück, Quelle und Delta hätten dieselbe Reinheit. (Pl, S. 240)

Die Dichtung ist unter allen klaren Wassern dasjenige, welches sich am wenigsten durch die Spiegelung seiner Brücken aufhalten läßt. (Pl, S. 267)

Woran leiden wir am meisten? An der Sorge. Wir werden im selben

---

[1] René Char, ›Œuvres complètes‹. Paris, Gallimard, Bibliothèque de la Pléiade, 1983. Die Belegstellen in Klammern weisen auf diese Gesamtausgabe hin (Pl).

Wildbach geboren, aber wir rollen nicht alle gleich durch die verwirrten Steine. (Pl, S. 496)
Ich wünschte, mein vergangener Kummer wäre wie der Kies im Fluß: ganz unten. Meine Strömungen würden sich nicht um ihn sorgen. (Pl, S. 512)
Wir gehören zu den Bächen, die, freigebig im Schenken, bis in das immer trockenere Erdreich vorstoßen. (Pl, S. 581)

Auffallend ist, daß in den meisten Beispielen Wasser und Erde in Wechselwirkung stehen. Der Dichter versucht, Bewegung in seine Bilder zu bringen, wie es die futuristischen Maler taten, und den Leser in dieses Spannungsfeld einzubeziehen. »Wenn viele Gedichte unserer Generation den Kritikern unverständlich sind«, schreibt Gaston Bachelard, der Theoretiker der Vorstellungskraft, »so deshalb, weil sie den Formen nachgehen, nicht der Bewegung, dem dichterischen Werden.« Und Bachelard erinnert an Novalis, für den die Dichtung »Gemütserregungskunst« war.

Das Wasser tritt bei Char nicht nur als fließendes Gewässer in Erscheinung, sondern auch in der Luft als Wolke oder Nebel und in festem Zustand als Schnee, Rauhreif oder Eis. Dabei ist die übertragene Bedeutung, die der Dichter dem Schnee beimißt, besonders eng mit den Erfahrungen seiner Landsleute verbunden. Der Schnee ist weder das Symbol der Reinheit noch der Vergänglichkeit: Er ist ein Bild der Hoffnung, weil er in der Provence das verfrühte Keimen des Getreides verhindert und eine gute Ernte in Aussicht stellt. Ein zur Erinnerung an die Résistance geschriebenes Gedicht deckt diesen Bezug auf und läßt uns gleichzeitig die Schönheit dieses Naturwunders erleben. Es beginnt folgendermaßen: *Schnee, Spiel der Kinder, Sonne, die des Winters bedarf, um aufzuleuchten, suche Schutz auf der Schwelle meines steinernen Kerkers.* Ein nach dem Tod Picassos verfaßter Text sagt es noch deutlicher: *Dieser sanfte Schnee, den uns Picasso bringt, wird er nicht alles blühen lassen? Er wird gut sein für das Getreidefeld, denke ich. Ich kann mir die bettelnde Flut vorstellen, die hinter diesem Steinbrocken herzieht.*

In der Dichtung René Chars ist jedes Bild eine Herausforderung an das Auge, die Phantasie und den Verstand. Wer sie annimmt, befreit sich von den üblichen Klischees und erkennt neue Zusammenhänge. Der *sanfte Schnee* (*cette douce neige*) spielt auf die Hoffnung an, die das künstlerische Vermächtnis Picassos erweckt, die *bettelnde Flut* (*le flot mendiant*) auf die Epigonen, die sich seines Erbes bemächtigen werden. Der Widerspruch zwischen dem Schnee und dem Stein, der Sanftheit und der Härte, ist für Char kennzeichnend. Seine Dichtung fußt (ebenso wie sein Leben) auf Gegensätzen, die poetischen Zündstoff liefern, auch wenn sie schwer zu vereinbaren sind.

Es wäre falsch, die Bedeutung der Bilder ein für alle Male festlegen zu wollen. Im Unterschied zu den Begriffen, deren Inhalt klar umschrieben ist, müssen die Bilder stets neu gesehen, neu entschlüsselt werden. Die Bilder sind lebendig, an ihnen zeigt sich die Schöpfungskraft des Dichters. Ihr Verständnis erfordert vom Leser Flexibilität, Erfahrung und Sachkenntnisse. Dabei sei nicht verschwiegen, daß Char oft unseren Denkmodellen widerspricht und ihm mit der Logik nicht beizukommen ist. Seine Bilder entspringen einer Intuition, die derjenigen der Naturvölker und der Kinder nahesteht.

Es wäre interessant, den anderen Metaphern Chars nachzugehen: Bei der Lektüre würde man auf neue, noch nicht entdeckte Bilder stoßen. Man fände weitere Ansatzpunkte, die auf die Provence weisen, aber auch ebenso viele, die nichts mit der Heimat des Dichters zu tun haben. Die Dichtung kann überall gedeihen, auch wenn sie für Char eng mit der Natur verbunden ist.

Die Dichter besitzen die Fähigkeit, sich mit Hilfe der Sprache und ihrer Gestaltungskraft mit sich selbst und der Umwelt auseinandersetzen zu können. Sie fühlen sich aber auch einem Suchen verpflichtet, das weit über ihre künstlerische Tätigkeit hinausgeht, dem Glauben an etwas, das unser Leben übersteigt und ihm eine Richtung, einen Sinn gibt. Das Ziel dieses Suchens kann Char nur erahnen, und nicht zufällig heißt der Titel seines letzten, kurz nach seinem Tode erschienenen Buches ›Éloge d'une Soupçonnée‹ (1988). Das Lob, das er singt, gilt der Poesie, deren magische Kraft er spürt, der er aber nicht habhaft werden kann, einer Vermutung (»soupçonner« dürfte hier »vermuten«, nicht »verdächtigen« heißen), der er nachgeht, dem »dritten Raum«, den uns die Dichtung eröffnet. Selbst der Dichter hat nur selten zu ihm Zugang, in kurzen Augenblicken des Hochgefühls (*en de brefs éclairs qui ressemblent à des orgasmes*), doch setzt er sich für ihn ein, da nur *er* das freie Spiel der Phantasie und den Schutz unseres Lebens gewährleistet.

Da sich das Wesen der Poesie jeder genauen Definition entzieht, versucht Char, ihm dank einer Fülle von Bildern beizukommen. Er verleiht der Poesie menschliche Züge, sie wird zum Kind, unbändig und kopflos, zur Mutter, in deren Schoß das wahre Leben keimt, zu einer launischen Geliebten, mit der er einen ständigen Kleinkrieg führt. In dieser Unmenge von Bildern zeigt sich der Ideenreichtum des Dichters. Das Phänomen der Dichtung wird gewissermaßen eingekreist. Man hat bei Char von der Dichtung der Dichtung gesprochen oder, wie es Heidegger von Hölderlin sagt, von der Dichtung über das Wesen der Dichtung.

Die Dichtung ist ein Geheimnis, dem wir uns nur mit äußerster Vorsicht nähern dürfen. Es ist für Char wichtig, Distanz zu wahren. In Grenzfällen muß die Wahrheit geheim bleiben, weil das ganze Gebäude zusammenstürzt, wenn wir den Gewölbeschlußstein wegnehmen. Und in einem Martin Heidegger gewidmeten Text spricht der Dichter von der Notwendigkeit, die wesentlichen Schatten zu bewahren.

Die Dichtung kann nicht in Prosa übertragen und kaum erklärt werden. So bleibt uns nur, zurückhaltend, Schritt für Schritt, den Spuren des Dichters zu folgen, durch die engen Täler, die die Wörter zeichnen [2].

---

2 Empfehlung René Chars in einem Brief, den er mir am 27. September 1980 schrieb.

L'ABSENT – DER ABWESENDE (S. 14/15)

In ›Zorn und Geheimnis‹ lesen wir unter dem Titel ›Auf das Wohl der Schlange‹ (›À la santé du serpent‹): *Meine Liebe, wenig bedeutet, daß ich geboren wurde: du wirst sichtbar, wo ich verschwinde.* Mit den Menschen verhält es sich gleich: oft erkennen wir ihre Bedeutung erst, wenn sie uns verlassen haben. Der *Abwesende* dieses Gedichtes ist Char selbst, wir sehen die Lücke, die er hinterläßt, nachdem er sich entfernt hat. Wir sehen ihn in den Augen seiner Kameraden. Das Gedicht ist ein Selbstporträt.

»Ich bin geboren und herangewachsen unter greifbaren Gegensätzen«, schreibt der Dichter. Diese Gegensätze zeigen sich im Widerspruch der Bilder (*Diamant und Wildschwein*) und der Begriffe (Abwesenheit und Gegenwart, wobei das Wort »Gegenwart« nicht ausgesprochen wird, sich aber aus dem Sinn des ganzen Gedichtes ergibt). Aber gerade in der Heterogenität seines Charakters liegt die Größe des Dichters. Sie erlaubt ihm, *im Zentrum aller Mißverständnisse* zu stehen wie eine Kiefer (*ein Harzbaum*), wie der Herd in der Hausgemeinschaft.

Dem Lügengespinst der offiziellen Propaganda, das mit einem mittelalterlichen Fabelbuch verglichen wird, zeigte er die kalte Schulter. Er unterstützte riskante Vorhaben. Die Frauen zogen ihn jüngeren Kameraden vor, weil er sich nicht erpressen ließ.

Char sieht sich als einen *unverwüstlichen Burschen*. Die im ›Cahier de l'Herne‹ zusammengestellten Zeugnisse aus der Zeit der Résistance bestätigen es.

1939 – PAR LA BOUCHE DE L'ENGOULEVENT –
1939 – AUS DEM MUNDE DER NACHTSCHWALBE (S. 16/17)

Das Gedicht wurde 1939 geschrieben, aus Protest gegen die Bombardierung der Zivilbevölkerung im Spanischen Bürgerkrieg und den Mord an Kindern. Char hatte diesen Kindern bereits sein ›Plakat für einen Schulweg‹ (›Placard pour un chemin des écoliers‹, 1937) gewidmet. Das Gedicht erschien zuerst in den ›Cahiers d'Art‹ mit einer Zeichnung Picassos.

Laut Paul Veyne geht es auf die Erinnerung an einen Strand Kataloniens zurück, wo Kinder, mit denen sich der Dichter angefreundet hatte, badeten. Ihre schwarzhaarigen Köpfe werden mit Oliven, die die sonnenbeschienene Meeresoberfläche durchbohren, verglichen, die Kinder selbst mit Schleudern, die Weizen ausstreuen (falls das Wort *frondes* nicht im Sinne von »frondaisons«, »junge Blätter«, zu verstehen ist), mit klarem Wasser. Ihre Augen waren voller Hoffnung, sie glaubten, in den Muscheln das Rauschen des Meeres zu hören.

Der Text wurde zunächst unter dem Titel *Kinder, die ihr mit Oliven die Sonne durchbohrtet...* publiziert. Der neue Titel, ›Aus dem Munde der

Nachtschwalbe‹, tauchte erst nach dem Krieg auf. Er weist auf Chars Haltung im besetzten Frankreich hin. Am 4. Dezember 1939 schreibt Char seinem Freund Gilbert Lély, der Mut werde fortan neue Formen annehmen, er werde sich als eine Art murmeltierartigen Winterschlafs zeigen. Aufgrund dieser Zurückhaltung wird er im Untergrund den Namen Hypnos (griechischer Gott des Schlafes und der Träume) annehmen. Daß dieser Schlaf keiner Abkehr vom Schicksal Frankreichs, sondern eher einer traumwandlerischen Kühnheit gleichkam, beweist sein Einsatz in der Résistance.

Die kalifornische *Nachtschwalbe*, der der Fluch gegen die ruchlosen Mörder in den Mund gelegt wird, ist eine Doppelgängerin des Dichters. Amerikanische Forscher haben entdeckt, daß sie ein Winterschläfer ist wie das Murmeltier und die Fledermäuse und die kalte Jahreszeit in lethargischem Zustande in Felsnischen verbringt. Die Indianer wußten es schon längst. Sie nannten die Vögel »Hölchko«, was nichts anderes als »Schläfer« bedeutet. Wie der Dichter von dieser Tatsache Kenntnis erhielt, ist um so rätselhafter, als sie erst gegen Ende der vierziger Jahre bekannt wurde.

LE THOR – LE THOR (S. 34/35)
Le Thor ist ein Nachbarort von L'Isle-sur-Sorgue, ein malerisches Städtchen mit Stadttor und Mauern und einer um die Wende vom 12. zum 13. Jahrhundert erbauten romanischen Kirche.

Das dem Ort gewidmete Gedicht ist vom 15. September 1947 datiert. René Char schickte es seinem Freund, dem Maler Georges Braque, und schrieb dazu: *Hier ist das kleine Gedicht über Le Thor. Es mußte, glaube ich, ziemlich zart (»frêle«) und durchsichtig sein.* Das Manuskript ist von Braque mit farbiger Tusche verziert und erstmals in den ›Cahiers d'Art‹ publiziert worden.

René Char hat sich widersprüchlich zu seiner Jugend geäußert. Was ihm die Menschen versagten, gewährte ihm die Natur, die er auf seinen Streifzügen um L'Isle entdeckte. Zu den Orten, die er auch später immer wieder aufsuchte, gehörten die Fontaine de Vaucluse, Le Thor und der Hügel von Thouzon.

Bei einem herbstlichen Gang ins Nachbardorf bemerkt der Dichter, daß sich die Natur verändert hat. Die Kälte hat die Insekten vertrieben, die Vögel wegziehen lassen. Es scheint ihm, der Raum habe sich ausgedehnt, die Spuren der Tiere seien seltener geworden. Im klaren Herbstlicht gleicht die Kirche Le Thors einer Lyra aus Stein, der Ventoux einem Spiegel für Adler. Im letzten Satz, der den Anfang des Textes wieder aufnimmt, deutet der Dichter an, daß die paradiesische Vorstellung, die er sich früher von seiner Jugend machte, nur ein Trugbild (*une chimère*) war.

À UNE FERVEUR BELLIQUEUSE –
EINER STREITBAREN INBRUNST (S. 48/49)
Die Wallfahrtskirche von Notre-Dame de Lumières wird heute kaum mehr besucht. Sie steht an einer Straßenkreuzung zwischen Cavaillon und Apt, wo das Flüßchen L'Imergue (oder Limergue) in den Calavon mündet. Die Wallfahrt geht auf eine übernatürliche Erscheinung zurück, die hier aufgetreten sein soll. Im 17. Jahrhundert sahen die Bewohner des Ortes geheimnisvolle Lichter, die sich auf den alten Friedhof zu bewegten. Kurz darauf wurde ein Bauer wie durch ein Wunder von einer schweren Krankheit geheilt. Die Kirche ist kunstgeschichtlich bedeutungslos, ebenso wie die Statue von Notre-Dame de Lumières, die in der Krypta steht (eine »bekleidete Statue«, präzisiert der Guide Bleu). Doch lohnt es sich, zur Sankt-Michaels-Kapelle emporzusteigen. Der Weg führt durch einen Pinienwald auf einen Felsen, von dem aus man einen herrlichen Blick auf den sagenumwitterten Ort hat.

Es bedurfte besonderer Umstände, daß Char der Marienstatue von Lumières gewahr wurde. 1943 steckte die Résistance in einer tiefen Krise. Die Vergeltungsmaßnahmen der Deutschen wurden immer härter, die Angriffe der Miliz zahlreicher. Die Partisanen waren hin- und hergerissen zwischen Hoffnung und tiefster Verzweiflung. Als Char, der in seiner Jugend an der Wallfahrt teilgenommen hatte, in Lumières vorbeikam, schien ihm, die Mutter Gottes sei den Partisanen zugeneigt, da auch sie mit der Kirche in Konflikt geraten und einsam war. Sei es dichterische Freiheit, sei es eine Verwechslung: Er sieht die Statue auf dem Felsen, wo die Kapelle ist, nicht in der Kirche.

Die Begegnung zwischen dem Partisanenführer und dem Marienbild verläuft aber alles andere als friedlich. Char hat seine Vorbehalte gegen die Kirche nicht abgelegt: Sie hat sich mit den Machthabern kompromittiert, ihre Ideale verleugnet. Der Mutter Gottes billigt er allerdings mildernde Umstände zu, da sie im Stich gelassen worden ist und die Welt in Trümmern liegt.

In der letzten Strophe ringt sich der Dichter zu einem Geständnis durch, das in seinem Werk einzig dasteht: Das Licht erscheint demjenigen, den danach hungert. So räumt er ein, daß die Gläubigen, die sich nach Licht sehnten, dieses auch gesehen haben können.

L'ADOLESCENT SOUFFLETÉ – DER GEPRÜGELTE (S. 50/51)
René Char ist früh in Widerspruch zu seiner Familie geraten, was seine Mutter sagen ließ, man müsse auf ihren Jüngsten Druck ausüben. Er selbst hat die Kränkungen, die er erfahren hat, nie verwunden, im Gegenteil, seine Erfolge ließen ihn später frühere Demütigungen lebhafter fühlen.

Sein Bruder war vierzehn Jahre älter. Als er aus dem Krieg heimkehrte, begann er, René zu tyrannisieren, bis ihn dieser eines Tages die Treppe hinunterstieß. Sie haben nachher nie mehr miteinander verkehrt.

Dieser Sachverhalt liegt dem Gedicht ›Der Geprügelte‹ zugrunde. Char stellt einen Bezug zwischen dem in seiner Jugend erlittenen Unrecht und seinem Einsatz im Partisanenkampf her. Die Schwierigkeiten haben seinen Willen gestählt. So spricht er in einem späteren Gedicht von der geliebten Revolte, die ihn, besser als jede Zärtlichkeit, über sich hinauswachsen ließ.

Man kann sich fragen, ob es richtig ist, das Wort *arbuste* mit *Strauch* zu übersetzen. Es handelt sich um einen jungen Baum, ein Holzgewächs, dessen Zweige sich zum Schutz gegen Zerstörung an den Stamm schmiegen. Der Dichter hat sich oft mit einem Baum verglichen: mit einem Orangenbaum, mit einer Kiefer, mit einer Pappel, mit einer Ulme, mit einer Zypresse. Ein Satz aus der Aphorismensammlung ›Das zermürbende Alter‹ (›L'Age cassant‹, 1965) bestätigt den Zusammenhang zwischen dem Aufstand und dem Baum: *Ich erhebe mich, also setze ich neue Zweige an.*

DÉCLARER SON NOM – SEINEN NAMEN NENNEN (S. 60/61)

In der 1964 erschienenen Anthologie seiner Lyrik stellt René Char das Gedicht ›Seinen Namen nennen‹ an den Anfang. Es sind seine Personalien, eine Art Visitenkarte des Zehnjährigen. Im Schilf, am Rande des väterlichen Gartens, am sandigen Ufer der Sorgue, fühlte er sich geborgen.

Die Tageszeit konnte im Spiegel des Wassers wie auf einer Sonnenuhr abgelesen werden. *Sorglosigkeit und Schmerz* hielten sich im Gleichgewicht, was an der ruhenden Wetterfahne sichtbar war.

Im Herzen des Kindes aber begann sich die Unrast zu regen, stärker als es die von der Sorgue getriebenen Wasserräder tun. Die Dichtung ist ein Feuerrad, das seine Funken in alle Richtungen versprüht; umgekehrt auch ein Brennpunkt, wo Vergangenheit, Gegenwart und Zukunft eins werden. Dieses Rad setzte sich beim Zehnjährigen in Bewegung. Beim Austritt aus der Kindheit würde er die heile Welt hinter sich lassen und allen Stürmen ausgesetzt sein.

SEPT PARCELLES DE LUBERON I –
SIEBEN FRAGMENTE AUS DEM LUBERON I (S. 70/71)

Der Luberon (oder Lubéron) ist ein 65 Kilometer langer Bergrücken zwischen dem Einzugsgebiet des Calavon und der Durance. In einem frühen Gedicht vergleicht Char seine Silhouette mit einem blauen Fuchs. Wenn er später auf den Berg zu sprechen kam, brachte er das Leid zum Ausdruck, das er dort erfahren habe. Im Luberon hat er viele Freunde verloren. Roger Bernard ist zwischen Viens und Céreste, Camus in Lourmarin begraben.

Das dem Luberon gewidmete Gedicht gliedert sich in zwei Hälften. Hier soll nur von der ersten die Rede sein. Sieben Vierzeiler spielen auf den Berg an. Sie sind alle von einer stillen Wehmut erfüllt. Sie werden von einem Fünfzeiler unterbrochen, der eine glückliche Begebenheit in Erinnerung ruft, die sich anderswo zugetragen hat. Die ersten vier Strophen haben eher persönlichen Charakter, die letzten drei gehen auf geschichtliche Ereignisse ein. Es ist nötig, jede Strophe einzeln zu betrachten, als handelte es sich um einen Teil (*une parcelle*), ein *Fragment* eines Reliefs.

1. Strophe: *La Brémonde* ist ein einsames Gehöft auf dem Plateau des Claparèdes, das Chars Eltern in Begleitung ihres Jüngsten dann und wann aufsuchten. Der Dichter erinnert sich an Apfelbäume, deren Früchte am Boden lagen und einen roten Kranz bildeten, und vergleicht sie mit alternden Sonnen.

2. Strophe: Char wirft einen kritischen Blick auf die Jugend. Offenbar war er einsam, ein Kind ohne Freund, und mit sich selbst uneinig.

3. Strophe: Wenn man den Bergzug des Luberon aus der Ferne betrachtet, drängt sich das Bild eines stürmischen, plötzlich erstarrten Meeres auf. Unweit von La Brémonde, auf einem Sporn über dem Tal des Aiguebrun, befinden sich die Trümmer des Fort de *Buoux*, das dem Dichter wie ein gestrandetes Schiff erscheint mit dem Turm der romanischen Kirche von Saint-Symphorien auf der anderen Talseite als Steuer. Die Bergfestung von Buoux ist während Jahrhunderten umkämpft, zerstört und wieder aufgebaut worden. Am Fluß des Forts ist eine riesige Höhle mit in den Felsen gehauenen Gräbern.

Während die ersten zwei Strophen nur episodischen Charakter zu haben scheinen, schimmern nach und nach unter dem Landschaftsbild die geschichtlichen Ereignisse durch, die in den letzten drei Strophen in den Vordergrund treten.

4. Strophe: Das Leben des Dichters gleicht dem einer Lärche auf einem Felsvorsprung. Auch er hat, bald flexibel, durchlässig wie ein Pauspapier (*le calque du vent*), bald fest wie eine Brandmauer, die Stürme überdauert. Er war sich seiner Verantwortung bewußt. In ›Zorn und Geheimnis‹ erklärt er stolz: *Ihr Wort* [das Wort der Freiheit] *war kein blinder Widder, sondern das Segel, wo mein Atem sich eintrug.*

5. Strophe: Der Fünfzeiler ist ein Intermezzo, sowohl im Leben des Dichters als auch in der Abfolge der Strophen. Das Hochgefühl, das Char bei diesem Liebesabenteuer empfand, wird durch den Duft des Rosmarins (am 1. Mai heften die jungen Männer einen Zweig ans Fenster ihrer Schönen) und das Ausschwärmen der Bienen, ein Bild selbstloser Hingabe, unterstrichen.

6. Strophe: Der Dichter erinnert sich an die Besetzung Frankreichs und

die Résistance. Das Verb *erdulden* steht im Präsens, weil für ihn der Kampf weitergeht, zum Beispiel gegen die Zerstörung der Umwelt. Die Deutung des dritten und vierten Verses ist schwieriger. Vielleicht muß das Wort *dévot* im Sinn von »dévouer« oder »se dévouer«, »sich hingeben«, verstanden werden. *Le dévot* wäre demnach der Opferbereite, möglicherweise auch, in Hinblick auf die nächste Strophe, derjenige, der sich einer Sache ganz verschrieben hat.

7. Strophe: Die *Waldenser*, die Anhänger einer religiösen Gemeinschaft, die sich für die Rückkehr zum Evangelium und zu den einfachen Lebensformen des Urchristentums einsetzten, waren in den entlegenen Tälern des Luberon angesiedelt worden, um diese urbar zu machen. Als sie sich im 16. Jahrhundert mit den Protestanten verbündeten, beschloß der französische König Franz I., sie mit Feuer und Schwert auszurotten. Mérindol, ihre Hochburg, wurde 1545 zerstört; die Bewohner sollen bei lebendigem Leibe verbrannt worden sein.

Während des Krieges hat das heutige Mérindol, das immer noch von den Ruinen des alten beherrscht wird, mehr als andere Dörfer des Luberon unter den Besatzungstruppen gelitten, als ob ein Fluch auf diesem Orte läge. Char kommt in der zweiten Hälfte des Gedichtes darauf zurück.

8. Strophe: In der Aphorismensammlung ›Das zermürbende Alter‹ schreibt Char: *Die Geschichte der Menschen ist eine lange Folge desselben Wortes*. Der *Schmerzenserde* der 1. Strophe entspricht das *elende Gestirn* der letzten.

Diese Hinweise sind weit davon entfernt, den Gehalt des vielschichtigen Gedichtes zu erschöpfen. Es ist möglich, daß selbst die 5. Strophe nuancierter interpretiert werden muß. Es könnte sich um eine Begegnung zwischen dem Dichter und der Dichtung handeln, was wiederum mit der wirklichkeitsnahen Beschreibung der Liebesszene in Widerspruch steht.

TRACÉ SUR LE GOUFFRE –
AUF DEN ABGRUND GEZEICHNET (S. 72/73)

Die *Wunde von Vaucluse* ist das Becken, dem die Sorgue entspringt, rätselhaft, weil es nie gelungen ist, den unterirdischen Lauf des Wassers zu ergründen.

René Char hat Piero Bigongiari, einem Schriftsteller aus Florenz, erzählt, wie das Gedicht entstanden ist: Bei einem Gang zur Fontaine de Vaucluse in Begleitung eines befreundeten Philosophen (wahrscheinlich Martin Heidegger) hat ihn dieser auf seine Vergangenheit hin angesprochen. Es wurde Char bewußt, daß er auch in der harten Zeit des Partisanenkampfes vom Glauben an die Dichtung getragen wurde, der ihm ermöglichte, den Tod zu überspielen.

CHÉRIR THOUZON – GELIEBTES THOUZON (S. 72/73)
Die fruchtbare Ebene des Comtat Venaissin zwischen Carpentras und Le Thor wird vom Hügel von Thouzon beherrscht, wo die Ruinen von zwei romanischen Kirchen und eines mittelalterlichen Schlosses stehen. Um das Gedicht richtig erfassen zu können, sollte man diese Anhöhe (dieses *Dach*) erklimmen, wie es Char getan hat, und die Gegend überblicken.

Hier, an einem seiner beliebtesten Ausflugsziele, versucht der Dichter, sich über seine Arbeit Klarheit zu verschaffen. Die Leidenschaft, mit der er sich nach Kriegsende bemühte, die vielen Bäche, die das Fieber der Menschen lindern, in die richtige Bahn zu lenken, ist erloschen. Die Trugbilder, die Schreckensgespenster, wie auch die echten Errungenschaften unseres Jahrhunderts haben ihm die Sprache verschlagen. Auf dem Hügel, den er mit einer Insel vergleicht, um die herum sich das Wasser zurückgezogen hat, kann er den Schaden ermessen: Das Werk, von dem er geträumt hat (»le grand œuvre« sagten die Alchimisten), ist untergegangen. Zwischen Wasserlachen und Gischtfetzen liegen zerstreute Bruchstücke. Fortan wird es ihm nicht mehr vergönnt sein, seiner Arbeit unbesorgt nachzugehen.

Der Dichter hat aber, obgleich der Tag (oder das Leben) zur Neige geht, die Hoffnung auf einen Neubeginn nicht verloren. Wo sein früheres Schaffen versunken ist, vermischen sich im Mondlicht die Spuren des Kampfes (*le dernier sang*) mit dem Boden künftiger Werke.

DEVANCIER – VORGÄNGER (S. 74/75)
Die Apsis der kleinen, romanischen Kirche von Saint-Pantaléon zwischen Gordes und Goult wird von Felsengräbern umgeben, die, den aufeinanderfolgenden Stimmen einer Fuge gleich, Variationen desselben Themas sind. Die Sterblichkeit, namentlich auch der Neugeborenen (einige Gräber sind ganz klein), muß früher hoch gewesen sein. Die *Stufen der Nacht* sind für Char die Stufen des Lebens, weil das Leben voll Unbekanntem ist.

Im zweiten Abschnitt vergleicht sich der Dichter mit dem Steinmetzen, seinem Vorgänger. Im Gegensatz zu ihm wiederholt er sich nicht und baut ohne Todesangst ein allseitig offenes Haus. *Die reinsten Ernten werden in einen Boden gesät, den es nicht gibt,* erklärt er in den ›Aufzeichnungen aus dem Maquis‹.

LE NU PERDU – DER VERLORENE NACKTE (S. 74/75)
Die Gedichte Chars fußen auf konkreten Gegebenheiten und Beobachtungen. Der Ausgangspunkt dieses Textes wird aber kaum angedeutet: Es ist ein Brunnen in der Bories-Siedlung von Boujolles nördlich von Cabrières-d'Avignon (die Bories sind fensterlose Steinhäuser, die aus flachen, zu einer Kuppel aufgeschichteten Platten bestehen). Dieses kunstvolle, im

Buschwald versteckte Bauwerk dürfte früher das Zentrum der Siedlung gewesen sein. Für Char ist es der Ort, wo der ausgleichende Einfluß der Dichter sichtbar wird. Wenn die Dichter *Söhne der Kerbe und des Zeichens* genannt werden, steht für die Frau und den Magier je ein Merkmal: die Kerbe für die Frau, wie auf steinzeitlichen Plastiken, das Zeichen für den Magier.

Der mittlere Teil (*Ils sont...*) wird von einer Zusammenfassung von Chars Poetik umrahmt. Sie wird in einem Essay über Arthur Rimbaud ausführlicher dargestellt. Die Inspiration kommt und geht, und zwischen den blitzartigen Erleuchtungen, die sich in Worten niederschlagen, liegen lange Durststrecken, die der Dichter zu seinen Gunsten nutzbar machen muß dank der Erkenntnisse, die er gewonnen hat, und in Erwartung der nächsten Erleuchtung. Während der Blitz ein Bild für die Inspiration ist, ist die platzende Fruchtkapsel ein Bild für ihre Wirkung, für die Samen, die sie streut, auf daß sie im Herzen der Menschen keimen.

Die letzten Sätze kommen auf die dichterische Eingebung zurück und zeigen sie aus einem anderen Blickwinkel. Der Dichter ist allen Gefahren ausgesetzt, nackt und verwundbar. Die Eingebung empfindet er wie eine Eisblume oder wie Flaum. In einem Georges Braque gewidmeten Text notiert er: *Wie kam mir das Schreiben? Wie Vogelflaum, im Winter, an meine Fensterscheibe. Alsbald entbrannte im Herd zwischen den Scheiten ein Kampf, der bis heute kein Ende fand.*

LE BANC D'OCRE – DIE OCKERBANK (S. 74/75)

Als die Regierung beschloß, auf dem Plateau d'Albion zwischen Saint-Christol und Sault eine Raketenbasis für Atomwaffen zu errichten, organisierte sich der Widerstand in ganz Frankreich. René Char war einer der heftigsten Gegner. Er sammelte Unterschriften gegen das Projekt, verfaßte Pamphlete und beteiligte sich an Protestkundgebungen.

Das Gedicht ›Die Ockerbank‹ dürfte im Anschluß an eine Demonstration auf dem Hochplateau Albions entstanden sein. Bei der Rückkehr fährt der Dichter mit seiner Begleitung an den alten Ockerbrüchen von Villes-sur-Auzon vorbei, und der Anblick dieser blutroten Rampen läßt ihn die Gefahr, die über der Gegend schwebt, in ihrer ganzen Tragweite erkennen. Aber selbst in dieser gedrückten Stimmung faßt er sich wieder. Das Böse kann man zum Stehen bringen dank steter Hoffnung. Sie wird im Gedicht durch das *Glühwürmchen* symbolisiert, das der Dichter seiner Begleitperson in die Hand legt.

Bereits im Maquis hat Char auf die Hoffnung gesetzt, um sich dem Verhängnis entgegenzustellen. Auch die Dichtung ist Hoffnung: Sie erlaubt dem Menschen, neue Kräfte zu sammeln und Mut zu schöpfen. Sie dürstet danach, helfend in unser Leben einzugreifen. Im Orion-Zyklus (›Aromates chasseurs‹) wird sie mit Düften verglichen, die nach uns jagen.

CHACUN APPELLE – JEDER RUFT (S. 80/81)
1972 erscheint in der Reihe ›Les sentiers de la création‹ das Buch ›La nuit talismanique‹ mit Texten und farbigen Tuschzeichnungen Chars. Die Zeichnungen sind 1955 bis 1958 während schlafloser Nächte entstanden, die Texte sind teils neu, teils früheren Werken entnommen. Es sind Aphorismen und Gedichte zum Lob der Nacht, ähnlich den Hymnen des Romantikers Novalis, dessen Auffassung sich weitgehend mit der Chars deckt, wenn er schreibt: »Zugemessen ward dem Lichte seine Zeit; aber zeitlos und raumlos ist der Nacht Herrschaft.«

Die Dichtung ist Licht, und so, wie das Licht im Dunkeln stärker hervortritt, lebt auch sie von Kontrasten. René Char führt uns den Widerstreit zwischen Licht und Finsternis in unzähligen Bildern vor Augen, wobei er das offene, sich bewegende Licht der Kerze, des Feuers oder des Blitzes einer künstlichen Lichtquelle vorzieht. Es belebt die Nacht, es schlägt eine Bresche in unsere Finsternis und läßt uns ein Geheimnis erahnen, das unser Tun befruchtet und unser Dasein erhöht.

Das Gedicht ›Jeder ruft‹ zerfällt in zwei Teile. Im ersten skizziert Char die verheerende Wirkung des Mistrals, der über die erwachende Natur herfällt. Im zweiten zeigt er, wer den Schlag pariert und neue Hoffnung weckt. Es ist ein Vogel, der mit seinem Ruf die Nacht aus ihrer Lethargie herausreißt: das Käuzchen. Ein seltsames Tier, dem etwas Unheimliches anhaftet. Den einen gilt es als Todesbote, den anderen als Dieb. Char gibt ihm seinen provenzalischen Namen: *damo* (Frau) *Machoto*. Sie verstehen einander, sie handeln solidarisch, da sie beide gegen die Nacht ankämpfen. Beide Einzelgänger, zum Verwechseln ähnlich (*nous échangeons nos visages*) und großen Worten abhold.

ÉLOQUENCE D'ORION – BEREDTER ORION (S. 86/87)
Die von 1972 bis 1975 geschriebenen Texte stehen im Zeichen Orions. Der Dichter überträgt seine Gedanken auf den mythischen Helden, dessen Sternbild am winterlichen Himmel prangt. Im Gedicht ›Beredter Orion‹ läßt er sich von ihm ansprechen.

René Char, der mit seiner Hünengestalt alle anderen überragt und sich im Partisanenkampf bewährt hatte, dürfte es besonders schwer gefallen sein, mit den Gebrechen des Alters fertig zu werden. Er stieß sich am Gebaren seiner Mitmenschen und war von den Phrasen der Politiker angewidert. Nur die Erinnerung an die Résistance und neue schöpferische Leistungen konnten ihn aufrechterhalten.

Im Orion-Zyklus (›Aromates chasseurs‹) wird der Zauber der Dichtung mit dem Aroma der Gewürzpflanzen verglichen, die in der Provence geerntet und in der Heilkunst verwendet werden. Wenn der Dichter die Herausforderung annimmt, mit dem starken Duft des Wermut (*l'armoise*, auf lateinisch »Artemisia«, das Artemis geweihte Kraut) zu wetteifern, so, um dem Jäger Orion, dem Kameraden der Göttin, gleichzukommen.

Nachdem er seinem Wortführer in den Himmel gefolgt ist, bleiben wie auf dem Bild van Goghs nur die offenen Schuhe zurück.

VERRINE – DAS LICHT DES STEUERHAUSES (S. 86/87)

René Char weilte dann und wann bei Freunden in Le Barroux, einem Felsenhorst zwischen Malaucène und Carpentras, wo der Blick die ganze Gegend beherrscht, von den Hängen des Ventoux über das Plateau de Vaucluse bis zur Ebene des Comtat Venaissin. Hier ist das Gedicht ›Verrine‹ geschrieben worden, am 13. Februar 1976, als sich bereits das Ende des Winters abzuzeichnen begann. Es ist im Sommer des gleichen Jahres aus Anlaß der »Fêtes de la Sorgue« als Vorabdruck erschienen.

Char hatte ein heidnisch anmutendes Vertrauen in den Mont Ventoux. Um den Text zu verstehen, genügt es aber, den Berg frühmorgens zu betrachten, wenn die ersten Sonnenstrahlen auf seinen kahlen Gipfel fallen und seine Würde bestätigen. Drei Dörfer (nach Char: Villes-sur-Auzon, Flassan und Bédoin) schmiegen sich an den Fuß des Riesen. Sie schlafen wie Neugeborene in einer Wiege, unter den mit Rundziegeln bedeckten Dächern, gegen Norden und Osten durch den Ventoux abgeschirmt, gegen Westen durch den Hügel, der sich von Mormoiron nach Saint-Pierre-de-Vassols erstreckt.

Das Wort *verrine* ist ein Ausdruck der Marine. Es bezeichnet die Lampe des Steuerhauses, die den Kompaß beleuchtet. Vielleicht spielt der Dichter auf das Licht des Sendeturms an, der auf dem Gipfel des Ventoux steht, oder auf den Berg selbst, der der Provence die Richtung weist.

LES VOISINAGES DE VAN GOGH –
DIE NACHBARSCHAFT VAN GOGHS (S. 96/97)

Die Zusammenarbeit mit Malern geht bei Char auf seine ersten Werke zurück: ›Arsenal‹ (1929) erscheint mit einem Frontispiz Francesco Domingos, ›Artine‹ (1930) mit einem Stich Salvador Dalís und ›Der Hammer ohne Meister‹ (›Le Marteau sans Maître‹, 1934) mit einer Kaltnadelradierung Kandinskys. Die Surrealisten waren eng untereinander befreundet. Die Dichter warben in Zeitungsartikeln oder im Vorwort der Ausstellungskataloge für die Werke der Künstler, die ihnen ihrerseits die Möglichkeit gaben, Texte in Luxusausgaben zu veröffentlichen, die vorwiegend der Illustrationen wegen gekauft wurden. Dank Christian und Yvonne Zervos, den Herausgebern der ›Cahiers d'Art‹, wurde Char mit vielen Künstlern unseres Jahrhunderts bekannt. In Anlehnung an mittelalterliche Miniaturen hat er nach dem Kriege an die dreißig Manuskripte durch sie illustrieren lassen und so eine Sammlung angelegt, die einzig in der Welt dasteht.

Auch die Werke früherer Maler waren ihm vertraut. Während des Krieges hatte er in Céreste eine farbige Reproduktion des ›Gefangenen‹ von Georges de La Tour an die Wand seines Arbeitszimmers geheftet. De La Tours Malerei war für ihn ein Licht in der Dunkelheit.

Von van Gogh ist zunächst selten die Rede: in einem Prospekt von ›Zorn und Geheimnis‹ und einem Gedicht. Er tritt aber voll ins Bewußtsein des Dichters, als dieser glaubt, in den Leiden des Malers seine eigenen zu erkennen, und die Möglichkeit in Betracht zieht, sich in die Klinik von Saint-Paul-de-Mausole zurückzuziehen, die auch van Gogh beherbergt hatte. Im nach der Gesamtausgabe erschienenen Band ›Die Nachbarschaft van Goghs‹ taucht der Maler bald offen, bald andeutungsweise auf. Char hatte eine Vorliebe für seine Zeichnungen, in denen er die noch unversehrte Provence zu sehen glaubte. Er beklagte sich oft über die Zerstörungen, die sein Geburtsort L'Isle-sur-Sorgue erfahren hatte, und hoffte, man werde den alten Zustand in seinen Gedichten wiederfinden.

HORST WERNICKE

»Dieser Rauch, der uns trug...«
René Char: Dichtung und Widerstand

> »Dieser Rauch, der uns trug, war der Bruder
> des Stocks, der den Stein fortwälzt, und der Wolke,
> die den Himmel öffnet. Er verachtete uns nicht,
> nahm uns so, wie wir waren, schmale Bäche,
> von Verzagtheit und Hoffnung gespeist, mit
> einem Riegel im Kiefer und einem Gebirge im Blick.«
> René Char, 1947

»René Char ist der Dichter, der am deutlichsten und heftigsten auf die politischen Ereignisse seit dem Zweiten Weltkrieg reagiert hat. Die erlebte Geschichte ist in seinen Gedichten, gewaltig, spontan und mit dem Herzen gelebt. Char wird dereinst der größte aller unserer politischen Dichter gewesen sein.« So urteilte vor ein paar Jahren der Linguist Georges Mounin, einer der kompetentesten Kenner der Lyrik René Chars, der schon in den dreißiger Jahren als einer der ersten Chars Werk wahrgenommen, analysiert und bewundert und als unvergleichbare neue Stimme in der Lyrik dieses Jahrhunderts dargestellt hat.

René Char ist ein engagierter Dichter, politisch und moralisch. Aber er hat nie »politische Lyrik« geschrieben. Das Spezifische seiner Dichtung kann darin gesehen werden, daß sie die traditionelle Unterscheidung von »hermetischer« und »engagierter« Literatur nicht anerkennt. Sie zeigt in allen Jahrzehnten seines Schaffens, welch eminent gesellschaftliches Interesse und welche politische Kraft seiner Dichtung eigen sind, die ein genaueres Wissen politischer Gefahren und Veränderungen zeigt als die sogenannte »engagierte Literatur«. Char hat »politische Lyrik« nie für die progressivere oder modernere Literatur gehalten. Er war nie so naiv und unpolitisch zu glauben – und seinen Lesern vorzugaukeln –, mit seinen Texten ins politische Geschehen eingreifen und es verändern zu können, das Gedicht politisch verfügbar zu machen. Er wußte zu jeder Zeit, daß die viel gepriesenen »engagierten« politischen Dichter die wahren Bewohner des Elfenbeinturms sind.

Char hat sich immer entschieden distanziert von den Verfassern risikoloser Gesinnungsbellestristik, der Bibliotheks- und Bistro-Résistance der Kriegs- und Nachkriegszeit in Frankreich, in Europa. Vom »l'art pour l'art«-Standpunkt wie von einer Gesinnungsästhetik war er immer gleich weit entfernt.

Der erste Text des ersten Gedichtbandes ›Arsenal‹ des zwanzigjährigen René Char aus dem Jahre 1928 setzt die Themen und Motive seines dichterischen Gesamtwerks der folgenden sechzig Jahre wie eine kurze Ouvertüre an den Anfang:

Alle Einfriedungen niedergerissen / Du, Wolke, geh voran / Wolke des Widerstands / Wolke der Höhlen / Mutter des hypnotischen Traums. (›Die Fackel des Verschwenders‹)

Die *Wolke des Widerstands* kündigt schon *diesen Rauch, der uns trug* an, mit dem René Char zwanzig Jahre später, nach der gefahrvollen Zeit als Résistance-Kämpfer gegen die Unterdrückung der deutschen Besatzungsmacht eines der Hauptthemen seiner Dichtung und seines Lebens wieder aufnimmt und fortführt.

In dem dieser Einführung als Motto vorangestellten kurzen Text aus ›Zorn und Geheimnis‹ (1948), dem ersten großen Gedichtband nach dem Krieg, wird der Rauch gepriesen, der zum Aufbruch, zur Tat, zur befreienden Veränderung der bestehenden Zustände führt, und das »Menschenmögliche« in dieser Zeit des Kampfes wird in wenigen kühnen Bildern gezeigt; es ist eine Positionsbeschreibung des widerständigen Menschen. *Dieser Rauch, der uns trug*, der auch die verändernde aktivierende Kraft der Dichtung meint, ist ein Leitmotiv in vielen späteren Gedichten Chars bis hin zu seinen letzten vom Frühjahr 1988, in denen er seine unerschütterbare Gewißheit ausspricht, daß jede Gegenwart bei ihren immer möglichen »leidenschaftlichen Entwürfen« und unvorhersehbaren Aufforderungen an das Handeln der Menschen bleiben wird. (›Sous une pluie de pierres‹, 1988) Die Dichtung spürt sie auf, erhellt sie einen Moment lang, aber verweilt nicht dabei, ist ständig »bereit zum Sprung«, dem Handeln immer voraus. Auch den Namen des Gottes Hypnos (*entraîneur d'hypnose* heißt es im Originaltext des ersten Gedichts) mit seiner von Char neu gesetzten Bedeutung einer feurigen Energie des Widerstands (vgl. das Motto zum Werk ›Hypnos‹), Deck- und Künstlername des Dichters während der Résistance-Zeit, und das prähistorische Thema der »Höhlen« evoziert dieses erste Gedicht bereits, das in den ›Aufzeichnungen aus dem Maquis‹ 1946 wiedererscheint, in der Notiz ›Höhlenfrankreich‹ (›la France-des-cavernes‹), und auf das verborgene Leben der Maquisards in ihren Verstekken hinweist. Es findet sich in dem Aufruf ›An die Anwohner der Sorgue‹ ein weiteres Mal bei Char, wo das Bild vom Frühzeit-Menschen in den Höhlen von Lascaux für das ursprüngliche menschliche Leben, für den Kampf des *Menschlichen* (der Menschlichkeit) steht, das alle eingrenzenden Zwänge *niederbrennt* und aller Unterdrückung zum Trotz das Ziel, das *Gebirge im Blick* behält. Verwiesen wird jedesmal auf den Menschen, der mit einer nie versiegenden *Leuchtkraft* begabt ist: *Der Raummensch, dessen Geburtstag ist, / wird eine milliardemal schwächer an Leuchtkraft sein / und eine milliardemal weniger / an Verborgenem offenbaren als der ungeglättete, / weltferne, erlegte Mensch von Lascaux (...)* (›An die Anwohner der Sorgue‹, 1959)

Es ist oft darauf verwiesen worden (etwa von Adorno oder Enzensberger in ihren poetologischen Arbeiten), daß ein Gedicht durch sein bloßes Dasein immer schon subversiv und widerständig sei; aber in der Lyrik René Chars ist anderer und weitergehender Widerstand festzustellen. Eine ganze Lebenshaltung ist gemeint und eine sein ganzes Werk bestimmende Ästhetik. Die poetische Arbeit der Erinnerung und des Vorauserinnerns konzentriert sich bei ihm auch auf die Wunden, die die »Geschichte« schlägt, auf den durch Menschen verursachten Tod. Überall dort, wo von einer Gesellschaft und ihrer Geschichtsschreibung die Erinnerung an Menschenverachtung und Menschenvernichtung stillgestellt oder verdrängt wird, birgt seine Lyrik das Eingedenken an eine Vergangenheit, die niemals »vergangen« sein wird.

Gabriel Bounoure hat in seiner kleinen Schrift ›René Char, Céreste et la Sorgue‹ (1986) zutreffend formuliert: »Chars Gedicht wird in dem Moment geboren, in dem der am Boden geduckte Widerstandskämpfer, den Feind erwartend in großer Anspannung, einige Zentimeter entfernt den Duft eines Thymianhalms atmet, der ihn daran erinnert, daß die Souveränität seines Handelns sich in liebender Abhängigkeit noch vor der kleinsten Pflanze beugen muß. In der Zeit des Maquis wird sein dichterisches Wort gehärtet, verdichtet, verliert alle Ausschmückung und lyrische Weichheit. Gegen die Zwänge der Geschichte und des Schicksals, gegen die ›Realitäten‹ ermißt das Wort des Dichters die Gegebenheiten mit einer widersetzlichen Strenge.« Céreste und die Sorgue, das sind die beiden Hauptpfeiler des Lebens und des Werks von René Char. Die Sorgue, der Fluß, an dem er von seiner Kindheit an bis zu seinem Tod (mit Unterbrechungen) gelebt hat, ist Quelle und Vor-Bild seiner Gedichte des Aufbruchs und der Veränderung. Das kleine Dorf Céreste in der Haute-Provence, in dem sein Kommandoposten war, ist der Ort des Kampfes und der widerständigen Tat. Céreste und die Sorgue sind die Symbole und die beiden Fixpunkte der Ästhetik und der Praxis des Widerstands René Chars. Viele seiner Gedichte sind ein »Gesang von der Weigerung«, der nur unterbrochen wird, als Hypnos sich zur Zeit der Unfreiheit und Unterdrückung zum Kampf mit der Waffe entschließt und der Partisan den Freunden sein ›Chant du refus‹ mitteilt: *Der Dichter ist für lange Jahre ins Nichts des Vaters zurückgekehrt. Ruft ihn nicht, ihr alle, die ihr ihn liebt. Wenn es euch scheint, als habe der Schwalbenflügel keinen Spiegel mehr auf der Erde, vergeßt dieses Glück. Der das Leiden in Brot verwandelte, ist nicht mehr sichtbar in seinem flammenden Scheintod. Ach, Schönheit und Wahrheit mögen bewirken, daß ihr bei den Salven der Befreiung gegenwärtig seid, zahlreich.* (Pl, S. 146)

René Chars Leben ist von verschiedenen Aufstandsbewegungen geprägt: von der Revolte der Surrealisten Anfang der dreißiger Jahre in Paris, von denen er sich dann lossagt, weil ihre Kunst vor dem Ernst der Kriegsereignisse für ihn anachronistisch und unverbindlich wirkte, vom Kampf als Chef einer Résistance-Gruppe in den Jahren 1942–1944, vom Kampf gegen die Stationierung der Atomraketen in den sechziger Jahren und zuletzt gegen den wachsenden Rechtsradikalismus in Europa. Seine wachsame Resistenz gegen jede Indienstnahme und Anpassung entstammt bei Char von Anfang an seiner entschiedenen Auffassung von der Dichtung als einer ständigen »Provokation«, die den Aufstand, die Revolte, eine »aufrührerische Ordnung«, wie er sagt, vorbereitet und jeder Tat voraus ist.

Char hat zur Zeit seines Kampfes gegen die Nazi-Herrschaft in Europa zu seinen Erfahrungen – ähnlich wie Albert Camus in seinen ›Briefen an einen deutschen Freund‹ – deutlich Stellung genommen in ›Hypnos. Aufzeichnungen aus dem Maquis‹ und in den ›Billets à Francis Curel‹, die bisher nicht ins Deutsche übersetzt sind.

Das kritische Verständnis dieser Texte gehört zur Geschichtserinnerung und Identitätsfindung vor allem des deutschen Lesers. Diese vier »billets« an seinen Jugendfreund Francis Curel in Isle-sur-la-Sorgue, in den Jahren zwischen 1941 und 1948 geschrieben, sind kurze Mitteilungen von Erfahrungen und Gedanken, Zeugnisse einer besorgten

Freundschaft, Ausdruck eines sehr bewußten Kampfes gegen die Barbarei der Nazis und ihrer Komplizen in Frankreich. Camus' zur gleichen Zeit in seinen »Briefen« abwägend gestellte Fragen nach dem »Recht des Widerstands« hat Char 1941 schon für sich beantwortet und handelt; er hat bereits den bewaffneten Kampf im Maquis aufgenommen und schreibt: *Sicherlich muß man Gedichte schreiben und mit schweigsamer Tinte die Wut und die Trauer über unsere Sterblichkeit aufzeichnen. Aber das ist nicht alles und darf sich nicht darauf beschränken. Das wäre lächerlich unzureichend.* Der vierte Text der ›Aufzeichnungen‹ ist zu dieser Zeit schon formuliert: *[...] Wir haben den Schmerz errechnet, den der Henker jedem Zoll unseres Körpers abgewinnen könnte; dann gingen wir hin, gepreßten Herzens, und standen dagegen.* (siehe S. 25)

René Char hat in der Zeit seines Kampfes nicht ein einziges Wort veröffentlicht. Er gehörte zu den *Handelnden mit der abgeschnittenen Zunge*, zu den Kämpfern *mit einem Riegel im Kiefer und einem Gebirge im Blick*. Seine ›Billets à F. C.‹ zeugen – wie die ›Aufzeichnungen aus dem Maquis‹ zur gleichen Zeit – *vom Widerstand eines seiner Pflichten bewußten [...] Humanismus, [...] der entschlossen ist, den Preis dafür zu zahlen*. (Einleitung) Die täglich erfahrene Ungerechtigkeit, Mord und Unterdrückung fordern von Char eine extreme Kampfbereitschaft, Härte und Gerechtigkeit. Er erkennt: Auch der Kampf gegen Terror und Gewalt macht intolerant, rücksichtslos, nahezu unmenschlich. Im Winter 1943 notiert er: *Ich will niemals wieder vergessen, daß man mich – für wie lange Zeit? – gezwungen hat, ein Monstrum der Gerechtigkeit und der Intoleranz zu werden, ein füchterlicher Vereinfacher, eine arktische Person, die sich für keines Schicksal mehr interessiert und sich nur verbündet, um die Höllenhunde niederzuwerfen. Die Judenpogrome, die Treffen der Skalpjäger in den Kommissariaten, die Terrorüberfälle der Hitler-Polizei auf die erschrockenen Dörfer reißen mich von der Erde hoch.* In seinem letzten Brief von 1948 schreibt Char an Francis Curel: *Wir sind Partisanen, die nach der Feuersbrunst die Spuren löschen, das Labyrinth zumauern und das staatsbürgerliche Pflichtgefühl und Verantwortungsbewußtsein wiederherstellen. Die »Strategen« sind keine Partisanen, sie sind die Plage dieser Welt und ihr schlechter Atem.*

Spätestens seit Ende der sechziger Jahre sieht René Char diese »Strategen« und »Erfinder« in Politik, Militär und Wirtschaft unaufhaltsam siegreich überall in der Welt auf dem Vormarsch. Vor allem die Gedichte seiner ›Chants de la Balandrane‹ (1977) kündigen die zunehmende Eiseskälte, den *epochalen Winter* an, die lebensgefährlichen Folgen ihres Herrschens. Er sieht nur eine einzige ständige Revolte als überlebensnotwendig an: die »résistance« gegen den technokratischen Destruktionswahn der »inventeurs« und der »Macher«.

Chars Engagement ist nicht einfach Anpassung an die Erfordernisse des Kriegs oder die Politik des Widerstandskampfes in Frankreich. Seit 1938 hatte er intensiv über das Verhältnis von Dichten und Handeln nachgedacht, hatte meditiert über den Spruch des J-Ging: »Wer schreibt, kann nicht eingreifen, wer eingreift, kann nicht schreiben.« Die brutale Nazi-Herrschaft über ganz Europa hatte ihn schnell zu der Überzeugung geführt, daß »verbe« und »action«, Wort und Tat, sich nicht ausschließen. Im Kampf in der Résistance fanden seine Gedanken eine extreme – und bleibend gültige – Konkretisierung. *Jedes Handeln, das sich rechtfertigt, muß ein Handeln mit dem Ziel der Weigerung und des Widerstands sein, inspiriert durch eine Dichtung, die voraus ist und oft auch im Streit mit ihm.* (Pl, S. 736) René Chars Entscheidung zu handeln und zu kämpfen ist letztendlich eine poetische Entscheidung des Dichters.

Mit Bezug auf Rimbauds Satz »Die Dichtung wird nicht mehr der Tat ihren Rhythmus geben, sie wird ihr voraussein« entwirft er seine »Ästhetik des Widerstands«, des Aufbruchs und des eingreifenden Handelns. (Was in der ›Ästhetik des Widerstands‹ von Peter Weiss große und großartige »Wunsch-Biographie« ist, das ist im Werk René Chars reale Biographie, durchkämpftes, durchlittenes widerständiges Leben, frei von Ideologie, mit dem Blick zurück, als bewahrende Erinnerung und als Zeugnis, und mit »Blick nach vorn«, aber nicht mit leeren Händen oder als Wunsch-Traum.)

Für Char ist der Widerstand gegen das Unglück und die Unmenschlichkeit keine bloße politische Kategorie, sondern das Antreibende aller Kategorien des Existierens, des Sprechens, vorrangig des Dichters in seinem Gedicht, des bewußten Seins und eben deshalb auch des Handelns. Chars Widerstand ist wesentlich Widerstand gegen das Unheil des Todes, auch und gerade, wenn dieser Widerstand die Bereitschaft einschließt, den eigenen Tod zu wagen. Das »Vernünftige« seines Widerstandes ist die tätige Absage an den von Menschen aufgezwungenen Tod. Und so ist festzustellen: Auch alle »Liebesgedichte« Chars, alle

Anspielungen auf erotisches Erfahren in vielen seiner Gedichte – bis hin zu seinem allerletzten ›L'Amante‹ –, aber auch alle seine Aussagen zur Dichtung und Ästhetik in seinem Werk sind Reflexionsformen der Widerständigkeit gegen den Tod. Chars Dichtung nimmt den Tod wahr, bildet ihn nicht ab, sondern gibt die Sicht auf ihn frei, um ihm klarer und bewußter widerstehen zu können.

In seinem Text ›Eindrücke von früher‹ (›Impressions anciennes‹, Pl, S. 743) aus dem Jahre 1964 faßt René Char zusammen: *Wir haben uns 1945 eingebildet, der totalitäre Geist habe mit dem Nazismus seine unterirdischen Gifte, seine Öfen der Endlösung verloren; doch haben seine Exkremente sich im fruchtbaren Unbewußten der Menschen vergraben. Eine bankrotte Bewegung hat den Sieg davongetragen, und ich halte das für tödlich. Ich rede als Mensch ohne Erbsünde auf der Erde von heute. Ich habe nicht tausend Jahre vor mir. Ich drücke mich nicht für die Menschen der Zukunft aus, die – warum die Ahnung verschweigen? – so unglücklich sein werden wie wir... Die Aussicht auf ein heiteres Paradies zerstört den Menschen. Das menschliche Abenteuer in seiner Gesamtheit spricht dagegen, um uns anzufeuern, nicht um uns niederzudrücken.*

Wie aber die Poesie von ihren Unterdrückern befreien? Dichtung, diese rätselvolle Klarheit, diese Eile, zu Hilfe zu kommen, macht die Unterdrücker zunichte, indem sie sie aufdeckt... Wir wollen ja nicht einen Angriff führen, es geht um viel mehr; eine geduldige Einbildungskraft in Waffen führt uns in einen Zustand kaum glaublicher Verweigerung.

In Chars Gedicht steht im Zentrum dieser diesseitigen Welt der Mensch, in seiner Augenblicklichkeit und in seinem Werden, vor dem *Unbekannten vor uns.* »Schicksal« ist für ihn keine anzuerkennende transzendentale Macht; er sieht in ihm vielmehr ein den Schwächen menschlicher Natur entspringendes Verhängnis in den Formen von Unterdrückung und Tod. Eine »Erlösung« des Menschen von seinem Schicksal kann daher nur durch den Menschen erfolgen. Das sagt der Satz seines ›Berichts von Les Baux‹: *Gegen das Verhängnis setze den Widerstand gegen das Verhängnis. Seltsame Höhen wirst du kennenlernen.* (Pl, S. 258) Das ist die Botschaft des Dichters und Widerstandskämpfers René Char, der in allen Jahrzehnten seines Lebens, nicht nur in den Jahren des Kriegs, für die Freiheit gekämpft hat, die nicht von selber und ohne Mühen kommt, die oft auch blutig erkämpft werden muß. In seinem Gedicht ›La liberté‹ von 1945 wird sie begrüßt mit dem bescheidenen Bekenntnis: *Ihr Wort war das Segel, in das mein Atem sich eintrug.* (Pl, S. 148) Chars Biographie und viele der im folgenden kommentierten Texte sind dafür ein Zeugnis.

COMMUNE PRÉSENCE – GEMEINSAME GEGENWART (S. 12/13)
Schlußgedicht der Sammlung ›Moulin premier‹ (›Erste Mühle‹) in Chars erstem großen Gedichtband ›Le marteau sans maître‹; enthält Gedichte aus der Zeit zwischen Sommer 1935 und Herbst 1936 und erschien zuerst am 31. Dezember 1936 in Paris (liegt bisher nicht in deutscher Übersetzung vor). 1964 gab René Char einer von ihm herausgegebenen umfangreichen Auswahl aus seinem Gesamtwerk den Titel ›Commune Présence‹ und veröffentlichte dort diesen zweiten Teil des ursprünglich zweiteiligen Gedichts als selbständigen Text.

Dieses frühe Gedicht enthält die wesentlichen Leitmotive des ganzen Werks. Es ist ein programmatisches Gedicht, das die Poetik Chars schon präzisiert. Es ist eine Poetik des Kampfes; Dichtung ist definiert als ein Gewaltmarsch ins »Unbekannte vor uns« als »Voraus-Welt«. Dichtung schafft, ermöglicht das »wahre Leben«, das dem tödlichen, vergänglichen und der *unterwürfigen Agonie* entgegensteht. Der Dichter (Orpheus) sagt die Gleichzeitigkeit, die *gemeinsame Gegenwart* von Leben und Tod, von zu entdeckender Zukunft und Zerfall. *Außerhalb der Dichtung ist die Welt ein Nichts. Das wahre Leben bildet sich allein in den Seiten der Dichtung*, so in Chars Text über Arthur Rimbaud (Pl, S. 730), durch die der suchende und tätige Leser in glücklichen Momenten wie vom Blitz getroffen und befruchtet wird. Deutlich ist das Erbe Heraklits von Ephesos (wie im ganzen Werk Chars): die Gleichzeitigkeit, ständige Gegenwart der scheinbaren Gegensätzlichkeiten, ist die Wirklichkeit. Dichtung als der Wunsch und die Kraft des Menschen nach Bewegung, Veränderung, Neuwerden.

Die im Text angemahnte Eile korrespondiert mit der kurzfristigen Belichtung im Wort des Gedichts. *Der Totalausverkauf der Welt*, der unaufhaltsam weitergeht, erinnert an Cézannes Wort, das Char bei Gelegenheit zitierte: »Man muß sich beeilen, wenn man noch etwas sehen will. Alles verschwindet.« Der Dichter zeigt die gleichzeitige Gegenwart des schwindenden und neu erscheinenden Lebens, gibt einen »Vorgeschmack« vom unbekannten Morgen.

Ausstreuen am Schluß des Gedichts bedeutet nicht zerstreuen, sondern aussäen, verbreiten, vermehren.

ÉVADNÉ – EUADNE (S. 16/17)
Aus der Gedichtgruppe ›Le visage nuptial‹ (›Das bräutliche Antlitz‹) von 1938. Erinnerung an eine große, jahrelang beständige Liebe zu der schwedischen Künstlerin Greta Knutson. *Euadne* ist in der griechischen Mythologie die Gattin des vom Blitz getroffenen Kapaneus (einer der Sieben gegen Theben); sie springt, nach einer Überlieferung des Euripides, in den brennenden Scheiterhaufen ihres Gemahls. Ausdruck der großen, verei-

nenden Liebe. Dies Einssein von Getrennten, das Aufgehen der Liebenden in der Natur, wird durch verschiedene poetische Bilder mit auffälligen Farb- und Geruchsakzenten ausgedrückt.

Der Sommer und unser Leben wir waren aus einem Guß [...]

Ein wenig liebte die Erde uns ich erinnere mich: der erste und letzte Vers des Gedichts (im französischen Original präziser und klarer), wiederum der Gedanke, das Erleben der Gemeinsamkeit und Gleichzeitigkeit des Getrennten, wie in dem Gedicht ›Gemeinsame Gegenwart‹. *Château de Maubec*: von Char zu jener Zeit häufig besuchte Schloßruine in der Nähe von Ménerbes, nordwestlich des Luberon-Gebirges, gehört zu Chars »Territorium« der Vaucluse, deren geschichtlicher Hintergrund oft mitgedacht ist. (Vgl. das Gedicht ›Sept parcelles de Luberon‹, S. 70.)

LOUIS CUREL DE LA SORGUE –
LOUIS CUREL VON DER SORGUE (S. 18/19)

Dieses Gedicht wurde im Juni 1943 geschrieben; es ist das letzte Gedicht, das Char während seines Résistance-Kampfes verfaßt hat. Jedenfalls hat er aus dem letzten Jahr bis zur Befreiung kein weiteres veröffentlicht. Die Situation, aus der der Sprecher spricht, wird bezeichnet: *Blut und Schweiß haben ihr Gefecht begonnen*. (Anspielung auf die Formel in der berühmten Churchill-Rede vom 13. Mai 1940?)

Den Kesselhaken der Qual als Kette um den Hals: Der Arbeiter mit der Sichel trägt um den Hals eine Schnur, an der das Sicheletui hängt. Das Bild läßt an die ›Bürger von Calais‹ denken mit dem Strick um den Hals, an dem sie erhängt werden sollen. Der Sprecher nimmt die Sprechhaltung der Klage ein. Angesprochen ist zugleich die Sorgue, der Chars Heimatstadt prägende Fluß, und der Mensch, *Louis Curel von der Sorgue*. Beide erscheinen als höhere Instanz, als Macht, als Inbegriff des Maßes und einer moralischen Ordnung. Die Gegenwart zeigt bis in die kosmische Sphäre Zerstörung und Verkehrung jeder Ordnung, jeden Maßes.

Im zweiten Teil des Gedichts wendet sich die Klage zur Sprechhaltung der Botschaft. Vom tiefsten Punkt der Verlorenheit und Entfremdung wird die Wende angekündigt (*Königsluft*). Diese Botschaft geht über in eine Rechtfertigung des Widerstands. Der Hinweis auf die Quelle des Flusses benennt menschlich-friedliches Leben, das durch den *Verfolger* mit radikaler Brutalität zerstört wurde, und zwar bis in die Tiefen jeder natürlichen Ordnung. Die Zerstörung erscheint nicht nur als Ergebnis, sondern auch als Voraussetzung dieses mörderischen Verbrechens. In diesem Sinne sind auch die Mörder Opfer, anonymisierte, abgerichtete Täter. Das Bild *krebskrankes Ei* faßt zusammen: Leben, Hoffnung, Zukunft sind in Gefahr, bis in die letzte Spur vernichtet zu werden; deshalb muß im Zeichen der

Menschlichkeit Widerstand geleistet werden. Am Schluß steht der beschwörende Hinweis auf die Existenz eines Mannes, der das Maß des Menschen hat, der nicht anonym ist, der in der Ordnung der alltäglichen Arbeit und nicht der Vernichtung steht. Dieses Bild symbolisiert Anfang und Ende des Widerstands. Titel, Anfang und Schluß des Gedichts weisen auf eine reale Person hin: Louis Curel, den der Dichter adelt als den *von der Sorgue* (auch »père Sorgue« nennt), war in Chars Heimatort Tagelöhner im Dienst der Gemeinde. Char sah ihn als seinen väterlichen Freund, ehrte ihn als aufrechten, widerständigen Menschen. In dem Schauspiel ›Die Sonne der Wasser‹ (›Le soleil des eaux‹, 1946, deutsch von Curd Ochwadt, Gerlingen 1994) hat Char Louis Curel ebenfalls ein Denkmal gesetzt. Auch in diesem volkstümlichen Schauspiel geht es um ein Modell ökologisch motivierten Widerstands.

FEUILLETS D'HYPNOS (1943–1944) –
HYPNOS. AUFZEICHNUNGEN AUS DEM MAQUIS (1943–1944) (S. 24/25)
Chars ›Aufzeichnungen aus dem Maquis‹ der Jahre 1943 und 1944 nennen zu Beginn ihr Ziel: Sie berichten *vom Widerstand eines seiner Pflichten bewußten [...] Humanismus, der das Unbetretbare als Spielraum freihalten möchte für die Phantasie seiner Sonnen und der entschlossen ist, den Preis dafür zu zahlen*. Unter dem Kampfnamen »Capitaine Alexandre« war Char seit 1942 der Chef der »Section Atterrissage et Parachutage« (»S. A. P.«) in den Voralpen um die Orte Forcalquier, Céreste, Valensole; seine Gruppe gehörte zur Résistance-Organisation »Action«. Char verlor viele seiner Mitkämpfer bei Hinrichtungsaktionen der deutschen Wehrmacht. Einige Berichte des ›Hypnos‹ geben darüber ein genaues und den historischen Forschungen der Résistance-Geschichte exakt entsprechendes Bild. Keine »Résistance-Literatur« (»poésie de circonstances«), keine Chronik, kein Kriegstagebuch, eher den ›Selbstbetrachtungen‹ des Marc Aurel ähnlich, wie Char selber sagt, Texte zum Nachdenken, Kurzanalysen der Situation, Bewußtseinsblitze zur Erhellung der Lage, Anstöße zum Weiterdenken, in den Minuten der Besinnung notiert. An mehreren Stellen erscheinen »Epitaphien« für die getöteten Gefährten (*Entsetzlicher Tag!*, Fragment 138). Das Erinnern an das Sterben der Freunde gehört zu Chars Trauerarbeit. Diese Texte sind gegen Mystifizierung und das Verdrängen des Unrechts gerichtet, sind Widerstand gegen die »Unfähigkeit zu trauern«.

Das maßgebende Leitmotiv und die beiden »Brennpunkte« in den Aufzeichnungen des ›Hypnos‹ sind die Fragmente *Einverständnis mit dem Engel, unsere allererste Sorge* (Fragment 16) und *Die farbige Reproduktion des ›Gefangenen‹ von Georges de la Tour* (Fragment 178), auffällige, im

Zusammenhang der ›Aufzeichnungen‹ zunächst fremd erscheinende Hinweise auf das Bild des Malers Georges de la Tour, das Char ›Der Gefangene‹ nennt, dessen richtige Bezeichnung in der Kunstgeschichte umstritten ist. René Char hatte das Bild während des Kampfes an der Zimmerwand seines Verstecks hängen. Die beiden Fragmente geben hinreichend Auskunft darüber, welche Bedeutung dieses Bild für ihn und seine Widerstandskraft hatte: *Die Worte, die von dieser irdischen Engelsgestalt herabfallen, sind die wesentlichen, unverzüglich bringen sie Hilfe* [...] *Das Wort der Frau setzt das Unverhoffte in die Welt – keine Morgenröte, die es ihr hierin zuvortun könnte. Dank sei Georges de la Tour, der die Hitlernacht bezwang mit einem Gespräch von Menschen!*

Chars »Poetik des Engels« – der Poetik Hölderlins und Rilkes in den Elegien verwandt –, das *Einverständnis* des Résistance-Kämpfers *mit dem Engel* als *allererste Sorge*, meint nicht Religiöses, *weiß nichts von Himmelsdingen*, aber läßt, wie das Leuchten des Blitzes, das Licht aufflammen auf die *nährenden Reben des Unmöglichen*, kennzeichnet eine geheime Kraft des menschlichen Lebens, die im Wort, im Verstehen, in der Tat den nie besiegbaren Widerstandsgeist konkret werden läßt. Der *Engel* ist eine höchste Möglichkeit des menschlichen Herzens und des »ésprit libérateur«, mit dem Char den Menschen begabt sieht.

Die Er- und Ich-Form der Hypnos-Texte kehrt immer wieder zur bestimmenden und strukturierenden Wir-Form zurück. Wir-Sätze bilden den Grundton der Gemeinsamkeit von Erfahrung und Aktion mit Blick nach vorn. *Hypnos ergriff den Winter und kleidete ihn in Granit. Der Winter wurde zu Schlaf, Hypnos zu Feuer. Das Weitere ist Sache der Menschen.*

Von einer doppelten Metamorphose ist hier die Rede: Der Winter, von Hypnos hypnotisiert, wird zu Stein, während sich Hypnos selbst, wie der aus der Asche auffliegende Funke, in Feuer verwandelt. In deutlicher Analogie zu Phönix, der sich in zyklischer Wiederkehr verzehrt und erneuert, ist Hypnos (in antiken Darstellungen mit geflügeltem Haupt abgebildet) nach Chars eigener »Mythologie« ein sich stets Wandelnder, aber auch einer, der andere gewalttätig verwandelt. Er entzündet den Kampfgeist der Menschen und legt ihnen das *Feuer*, das notwendige Handeln, in ihre Hände, in ihre Verantwortung.

Es gibt einige Anspielungen und Kontrafakturen zu biblischen Christusworten: *Das Brot heilen. Den Wein an den Tisch bringen* (Fragment 184): Die menschliche Aktivität ist gefordert; »Brot und Wein« sind keine Gnadengabe; auch im Gegensatz zu Georg Trakls ›Winterabend‹. (»Da erglänzt in reiner Helle auf dem Tische Brot und Wein«.)

(Ausführliche Hinweise zu René Chars Résistance-Tätigkeit und zu seinen ›Hypnos‹-Fragmenten im Nachwort zum Fischer Taschenbuch 9570, S. 123–141.)

AFFRES, DÉTONATION, SILENCE –
ANGST, DETONATION, STILLE (S. 38/39)
Geschrieben am 10. August 1945. Das Gedicht ruft die Zeit der Résistance ins Gedächtnis. Es ist eine Art Epitaph-Gedicht für den getöteten Freund und Mitkämpfer Roger Bernard, über den Char immer wieder sprach. Der Titel faßt die drei Absätze des Gedichts und drei verschiedene Zeitphasen zusammen, drei »historische« Momente. Im ersten Abschnitt gibt der Sprecher ein Bild des Calavon-Tales, damals (1949) wie heute ein abgelegenes, einsames Tal mit dem kleinen Fluß Calavon, einige Kilometer nördlich von Céreste und Viens, und der in diesem Tal versteckten alten Mühle, in der sich mehrere Résistance-Kämpfer verbargen. Die verfallene Mühle steht heute noch (1995), und die neunzigjährige Madame Roux lebt dort und vermag sich an ihren Kampf und an ihre »Gäste« gut zu erinnern.

Der zweite Abschnitt des Gedichts ist die kurze Vergegenwärtigung der Erschießung des Kameraden Roger Bernard und der Gewehrsalven, von denen das Tal bei seiner Hinrichtung durch die deutschen Soldaten widerhallte. René Char berichtet davon in einem eigenen Text im Zusammenhang mit seinen ›Aufzeichnungen aus dem Maquis‹ (›Hypnos‹, Fischer Taschenbuch 9570, S. 105): *Auf dem Weg zum Kommandoposten von Céreste fällt er am 22. Juni 1944 den Deutschen in die Hände. Er hat gerade noch Zeit, die Botschaft, die er bei sich trägt, zusammenzurollen und zu verschlucken. Da er sich weigerte, auf die ihm gestellten Fragen zu antworten, wird er wenig später auf der Landstraße erschossen. Ein Maulbeerbaum und ein zerstörter Bahnhof sind die nächsten Zeugen seines Todes, außerdem ein Bauer, der berichtete, er habe sich sehr aufrecht gehalten, sei sehr gelassen gewesen und habe hartnäckig geschwiegen.* In einem Gedicht von Roger Bernard heißt es: »Dann plötzlich betrachtet der verstümmelte / Kopf den Boden, und die Sonnenblume stirbt, / und frisches Schluchzen zerfällt in Kristalle.«

René Char hat die Gedichte seines jungen Freundes nach 1945 unter dem Titel ›Ma faim noire déjà‹ veröffentlicht.

Der dritte Gedichtabschnitt spricht von den *Schluchten von Oppedette*, einem kleinen Dorf am Ende des Calavon-Tales. Sie sind bekannt dafür, daß sie bei Gewittern die Blitze anziehen, *die Flamme des Blitzes mit dem Gesicht eines Schuljungen*: Blick in eine unbestimmte Zukunft; nach Aussagen René Chars ist dies ein Hinweis auf den Sohn Roger Bernards, der beim Tod des Vaters gerade geboren war.

JACQUEMARD ET JULIA – JACQUEMARD UND JULIA (S. 38/39)
Das Gedicht entstand am 24./25. Februar 1946. *Jadis l'herbe*: Der Anfang jeder Strophe beschwört anaphorisch und leitmotivisch wie ein »in illo tempore« die behütete, glückliche Kindheit und zugleich den Vater und seine Liebe zu dessen erster Frau Julia, Schwester der Mutter des Dichters. *Jacquemard*: Figur, die am Place de l'Horloge in Avignon und an anderen Turmuhren in der Provence die Stunden schlägt, Motiv der vergehenden Zeit. Dieser »père-temps« und die beschützende »mère-herbe« als Liebespaar; Verbindung zweier wesentlicher Motive in Chars Dichtung: l'herbe (Gras) als das mütterlich-ruhende Erdhafte in der Verbindung mit den Kräften Wind und Zeit (›Fureur et mystère‹, Titel der Gedichtsammlung, die diesen Text enthält) schaffen den Dichter, besiegen *die Angst der Zeit*. Der erste Absatz des Textes evoziert die typische Szenerie des höfischen Rittertums im Mittelalter, der höfischen Liebe (*cavaliers, châteaux, bienaimées*). Es entsteht das Bild einer kosmischen Harmonie zwischen Menschen, Tieren, Pflanzen, zwischen Himmel und Erde, Mann und Frau, eines friedlichen Gleichgewichts zwischen »Geist« und »Natur«. *Kinder, [...] die entdecken*: Ausblick in die Zukunft; das kindliche, ursprüngliche Entdekken (bei Char häufig der positive Gegensatz zum negativen »Erfinden«) ist der Kälte und Traumlosigkeit einer mangelhaften Gegenwart – *der Mensch ist dem Frührot ein Fremder* – als Blick nach vorn entgegengesetzt. *Aurore* bedeutet in Chars Dichtung immer das Erkennen der Möglichkeiten einer neuen Realität, Aufbruch zur Aktivität und Veränderung. *Immer beginnen wir unser Leben in wunderbarer Dämmerung*, die gegen spätere Widerwärtigkeiten stärkt, uns zu uns selbst verhilft (vgl. ›Suzerain‹, Pl, S. 260). Deutlich der Bezug zu einer anderen Textstelle bei Char: *Von wo aus und wie den Menschen die Nacht des Traums zurückgeben, um dem Grauen zu begegnen, das sie heimsucht* (›Der Schrecken die Freude‹, Pl, S. 473). Insgesamt ist das Gedicht eine melancholische, aber gezielte Meditation, andeutend die Spuren einer verlorenen und künftigen »Heimat«, die »allen in die Kindheit scheint«, im Sinne Ernst Blochs (›Das Prinzip Hoffnung‹).

LE BULLETIN DES BAUX – DER BERICHT VON LES BAUX (S. 40/41)
Les Baux: Bekanntes, geschichtsträchtiges kleines Felsendorf in den Alpilles, zwischen Arles und St. Rémy gelegen. Erlebt unter den verschiedenen Herren von Baux seit dem frühen Mittelalter eine wechselvolle Geschichte der Gewalt, Revolten und Kriege. Hochburg der provenzalischen Minnesänger. Unter Richelieu wird diese Zitadelle der Unabhängigkeit und des Widerstands zerstört; das Schloß ist heute eine Ruine, oberhalb des Dorfes.

Für viele Gedichte Chars ist es nicht unwesentlich, die Landschaft, von der in ihnen gesprochen wird und in der sie entstanden sind, zu kennen;

Landschaft und Erkenntnis bedingen und erhellen oft einander. Es gibt eine »Philosophie und Poetik der Landschaft« in vielen Gedichten Chars. Die Vorstellung von den Felsen und Mauern in Les Baux in der Provence, von unten aus der Ebene oder oben vom Felsplateau aus gesehen, versetzt den Leser schon in ein vorläufiges Bild, erleichtert das erste Verstehen.

Es ist ein stilles Zwiegespräch zwischen den Steinen von Les Baux und dem nachdenklichen Betrachter der Ruinen, dem eine Botschaft aufgetragen, eine Klarsicht vermittelt wird. Abwechselnd sprechen in den sieben Abschnitten die Steine aus der vermeintlichen *Leere* und *Untätigkeit* zum Menschen. Und dieser Nachdenkliche, nach und nach Begreifende, kommt zu einem neuen Bewußtsein, gelangt bis zur vollständigen *Gegenwart der Sonne* zu der Erkenntnis, die auch mit Rilkes Schlußworten aus seinem berühmten Apollo-Gedicht (›Archäischer Torso Apollos‹, 1908) heißen könnte: »Denn da ist keine Stelle, die dich nicht sieht. Du mußt dein Leben ändern.« Der Stein *ruft* zu Widerstand und Freiheit; Freiheit und Dauer entstehen aus dem Widerstand gegen das *Verhängnis*, gegen das Auferlegte. Die Gegensätze (*Nacht und Hitze*) wollen ausgehalten sein. Sie bestehen ständig, nur im *Aberglauben der Geschichte* (Hegel? Marxismus?) scheinen sie versöhnt. Nur die Liebe des Menschen entziffert aus den Bruchstücken der Ruinen die dauerhafte, befreiende Revolte. Die Steine von Les Baux gehören für Char zur *geduldigen und fruchtbaren Erde der Revolte gegen den Unterdrücker* (*la terre patiente et fertile de la révolte contre l'oppresseur*, Pl, S. 650) und belehren und formen den »homme debout«, den Menschen im aufrechten Gang.

Dreh- und Angelpunkt des Gedichts ist der Appell, die Aufforderung zur Tat im zweiten Satz: *Gegen das Verhängnis stelle den Widerstand gegen das Verhängnis.* Dieser Imperativ impliziert den Protest auch gegen einen gesellschaftlichen Zustand, den der einzelne als feindlich, fremd, kalt und tödlich erfährt. Im Protest dagegen spricht das gesamte Gedicht den Traum – genauer: den Erfahrungsbericht – von einer Welt aus, in der die ästhetische Imagination von Bildern für die Freiheit als lebenswichtig gilt. Dieser poetische Entwurf ist um so vollkommener, je weniger das Gedicht das Verhältnis von Ich und Gesellschaft thematisiert, je unwillkürlicher es vielmehr im Bild des Gedichts allein sich kristallisiert und als »Vor-Bild« dem Zustand gegenübergestellt ist. Daher ist Chars Sprache oft vieldeutig, und seine Worte blicken – heraklitisch – in zwei oder mehrere gegensätzliche Richtungen zugleich. Die häufigen Oxymora (hier: *zukunftsträchtige Ruinen* und *wurzelnd in Leere*, aber auch die Oxymora in vielen Werktiteln) entsprechen der Absicht, immer zugleich die kritische und die utopische Dimension der lyrischen Sprache zur Geltung zu bringen.

LE REQUIN ET LA MOUETTE – DER HAI UND DIE MÖWE (S. 42/43)
Dies ist ein Gedicht des Widerstands und der Revolte, ein »heraklitisches«
Gedicht der versöhnten Gegensätze, auch ein Gedicht über die Dichtung.
Eine erste Gruppe von Bildern, die von der *dreifachen Harmonie* des Meeres spricht, ruft dessen Schwere, Weite und Tiefe vor Augen, die *große Volière*, die schweres Leben einschließt. Eine zweite Reihe von Bildern steht dagegen, kündet eine Revolte, ein Durchbrechen der Ruhe, des »Normalen« und Gewöhnlichen an. Durch Kursivdruck hervorgehoben der Satz: *Ich habe das Gesetz überwunden, ich bin über die Moral hinausgegangen, ich habe das Herz den Blicken geöffnet*: so übersetzt von Reiner Schürmann in seinem beachtenswerten Aufsatz ›Eine Erörterung René Chars: Hölderlin, Heidegger, Char und das *es gibt*‹, 1979 (in: ›Romantik – Literatur und Philosophie‹, Frankfurt 1987, S. 288 f.). (Allerdings versucht Schürmann eine fragwürdige Einordnung René Chars in die sogenannte »Postmoderne«, die er an diesem Gedicht belegen will. Diese Problematik lasse ich hier unerörtert. H. W.) Das Meer wird von Char *die Waage des Nichts* genannt. Dagegen stellt sich in einer plötzlichen Erhebung das *Herz* (vgl. den Kommentar zu dem »Herz«-Gedicht ›Le martinet‹, Seite 149 in diesem Band) mit seinem ständigen Impuls der Störung und der Rebellion gegen alle Systeme und Ordnungen, gegen Dauer und Unveränderlichkeit. Die Ankunft am Meer ruft den Aufruhr gegen das Festgefügte hervor, den »Aufbruch des Morgens« (der Tagesanbruch ist ein wichtiges Motiv bei Char); die Repräsentanten dieses Aufbruchs sind die »matinaux«, die Morgendlichen (vgl. Chars Gedichtband ›Les Matinaux‹, 1948; deutsch: ›Wanderer in den Morgen‹).

Im Mittelpunkt des Gedichts steht der Gegensatz von Dauer und Aufbruch, von Schwere und Leichtigkeit, das Eintauchen ins Meer und das Fliegen: *Der Hai und die Möwe*. Im Augenblick des Gedichts werden sie eins, wird die heraklitische »commune présence« sichtbar, Himmel und Meer vereinen sich, aber nur solange das Gedicht gelesen und verstanden wird. Mit dem blitzartigen Verstehen des Gedichts fängt die Welt neu an. »Dichtung gründet eine Welt, die von ihrem Geäußertwerden nicht abzutrennen ist« (Schürmann, a. a. O., S. 295). Die Wirklichkeit ist immer antinomisch, doch das menschliche Herz, *dieser Garbenbinder* (vgl. das Gedicht ›L'Allégresse‹) und verletzliche Vogel (vgl. ›Le martinet‹), vereint; so auch der Dichter.

Von Henri Matisse gibt es eine Zeichnung ›Der Hai und die Möwe‹. René Char berichtet dazu: *Im Mai 1946 sandte ich das Manuskript des Gedichts ›Der Hai und die Möwe‹, das einige Wochen zuvor in Le Trayas entstanden war, an Henri Matisse nach Vence [...] Er teilte mir daraufhin mit, daß er in einer Reihe von vor kurzem entstandenen Zeichnungen das gleiche*

Thema entdeckt *hätte*. (Die Zeichnung und der Text von Char erschienen in ›Cahiers d'Art‹, Paris 1946.)

À LA SANTÉ DU SERPENT – AUF DAS WOHL DER SCHLANGE (S. 42/43)
Ein typisches Fragmente-Gedicht, in dem die einzelnen Fragmente untereinander und die Überschrift zu ihnen ohne Beziehung scheinen, die Beziehung muß der Leser herstellen. Die »Spannung« zwischen Titel und nachfolgendem Text ist fruchtbar; aus dem »Dialog« zwischen beiden wird das Gedicht geboren, entsteht der erste wichtige »Sinn- und Bedeutungs-Schwarm« (»essaim de sens«) für den suchenden Leser. Andererseits hat der Titel auch einende Autorität, eröffnet einen wesentlichen Zugang zum Text.

Die *Schlange*: hier nicht im jüdisch-christlichen Verständnis (das »Böse«), sondern in der altgriechischen Bedeutung: das Erkenntnis, Licht und Heilung bringende Wesen. Daher die zentralen Leitbegriffe in diesen Fragmenten: Glut, Tagesanbruch, Sonne, Licht, Erkenntnis, Liebe, Blitz, Herz.

Bewohnen wir einen Blitz, ist er das Herz der Ewigkeit: zentraler Satz dieses Gedichts und der gesamten Dichtung René Chars. Der Blitz ist die Autorität. »Alles steuert der Blitz«, sagte Heraklit (Fragment 64). Der Dichter erkennt keine andere Herrschaft an: *Wir sind unregierbar. Der einzige Herr, der uns förderlich wäre, ist der Blitz, der uns bald erleuchtet, bald spaltet.* (›Die Bibliothek in Flammen‹, S. 199) Der Blitz »setzt in Kenntnis«, indem er uns erleuchtet oder unsere Gedanken und Ideen zunichte macht. Diese Blitz-Erfahrung ist Modus und Moment der Erkenntnis. Er vermag in einem Zeit-Punkt der Ekstase einen Eindruck von der »Ewigkeit« zu vermitteln. Für die Arbeit des Dichters bedeutet das – nach Char –: *l'éclair me dure* (Pl, S. 378), *der Blitz dauert für mich*.

Der »bewohnbare Blitz« ist der lebendigste Widerspruch und zugleich der vollkommene Augenblick.

LA SORGUE – DIE SORGUE (S. 46/47)
Eines der bekanntesten Gedichte Chars, auffällig regelmäßig, aus Distichen gebautes *Chanson*, ist der Künstlerin und Kunsthistorikerin Yvonne Zervos gewidmet, mit der Char bis zu ihrem frühen Tod eine langjährige Liebe und Freundschaft verband. Der Fluß Sorgue, der in Fontaine-de-Vaucluse einem riesigen Felsmassiv entspringt, hat für René Char die Bedeutung seiner »Berufung« als Dichter, als widerständiger, rebellischer Mensch, der durch sein Wort seine »aufrührerische Ordnung« in die Welt bringt. Die Sorgue durchströmt Chars Geburtsort L'Isle-sur-Sorgue von drei verschiedenen Seiten, durchquerte den großen parkähnlichen Garten seines Eltern-

hauses Les Névons und hat für Chars Dichtung eine wesentliche, mehrfach symbolische Bedeutung. Auf das Manuskript dieses Gedichts hat er notiert: *Das Kind, der Fluß, der Rebell sind ein und derselbe, der lebt und sich wandelt mit den Jahren.* An anderer Stelle notiert er: *Die Sorgue, Fluß der Berufung und der jugendlichen Frische.* Er bedeutet in Chars Dichtung »das Leben« schlechthin, Intuition, Kraftquelle und Antrieb, »Vor-Bild« des Aufbruchs. *Gib den Kindern meines Landes das Gesicht deiner Leidenschaft. Mein Land (mon pays):* das ist das *Gegen-Grab,* von dem das Gedicht ›Qu'il vive‹ (Pl, S. 305) spricht; es ist im Norden vom Bergmassiv des Mont Ventoux begrenzt, der im Werk Chars eine der Sorgue vergleichbare Rolle spielt, im Süden vom Luberon-Gebirge eingerahmt.

»*Violence*« ist im Werk Chars gleichbedeutend mit »énergie«, Kraft- und Lebensquell, *Herz* meint diese Energie und die Individualität. Der Fluß Sorgue ist »besessen« von seinem eigenen Lauf, leidenschaftlich und allein, exzentrischer Rebell gegen alle Einengungen, dem Blitz, den Sternen und den Träumen offen, er ist Freiheit und Befreiung. Flüsse – hier die Sorgue – sind für Char verkörperte Ruhelosigkeit, bringen neues Erkennen, versinnbildlichen das Unverfügbare, das Zukünftige. Heraklits Erkenntnis auch hier: das stets werdende, sich wandelnde, fließende Leben, das verbindet und trennt. Der Fluß Sorgue repräsentiert die Würde der freien Menschen, die eigensinnig und unabhängig bleiben inmitten einer *kerkerverrückten Welt,* aber auch die Herrschaft der Nacht, des Traums gegenüber der Tag-Welt der Vernunft.

Eine ähnliche Bedeutung wie der Fluß Sorgue für die Dichtung haben die *Bienen der Horizonte,* die Raum und Zeit durchschneiden wie der Fluß die Erde, die Intuition und Zukunft eröffnen. (Rilke sprach von den »Bienen des Unsichtbaren« und maß ihnen eine ähnliche wichtige poetologische Bedeutung bei.) In René Chars kleinem Schauspiel ›Die Sonne der Wasser‹ (›Le soleil des eaux‹) von 1949, einem Modell des »Widerstands«, ist sehr anschaulich und eindringlich in Gesprächen der »Anwohner der Sorgue« erzählt, was Gedichtstellen wie *Wellen, die das Eisen zernagen, Fluß überlieferter Kräfte, Fluß, für den Blitz das Ende, für mein Haus der Beginn* sagen wollen: Der Dichter bezieht aus Fluß und Blitz seinen Standort, seinen Impuls, seine widerständige Energie.

LE MARTINET – DER TURMSEGLER (S. 48/49)

Der Vogel nimmt in Chars Dichtung den Rang eines »Leitmotivs« ein. Man hat in seinen Gedichten mehr als dreißig Vogelarten gezählt. (Viele dieser Gedichte haben Georges Braque zu seinen zahlreichen Vogelstudien angeregt; auch Miró, Victor Brauner oder Picasso haben zu diesen Gedichten Chars Illuminationen geliefert.) ›Der Turmsegler‹ ist eines der berühmtesten Vogelgedichte Chars und muß im Kontext des Gesamtwerks gesehen werden, weil es Chars beherrschendes Oppositions- und Widerstandsthema herausarbeitet. Auffällig zunächst die onomatopoetischen Effekte (im Originaltext, die deutsche Übersetzung kann das kaum nachvollziehen): der gellende Schrei in den i-Lauten (*qui vire et crie*), die Zischlaute des zweiten Absatzes, die die Schnelligkeit des Fluges nachbilden. Eine »intertextuelle« Lektüre des Gedichts (vgl. Paul J. Smith: ›*Le martinet* dans l'ornithologie charienne‹, Amsterdam 1990) hat gezeigt, daß weitgehende Parallelen, Aussagen und Aufbau des Gedichts betreffend, zwischen Chars Text und der in Frankreich berühmten ›Histoire naturelle des Oiseaux‹ (›Naturgeschichte der Vögel‹ von Buffon, Paris 1779) bestehen. Von den »zu großen Flügeln« über die Beobachtung der Paarung im Flug bis zu den Flugzeiten und Fluggewohnheiten sind in der alten ›Naturgeschichte‹ und im Gedicht auffällige Parallelen zu finden. Diese Ähnlichkeiten beweisen allerdings nicht, daß Char sich auf Buffons Text gestützt hat. *Er sät in den heiteren Himmel*: Die Flugkurven des Mauerseglers erinnern an die weit ausholenden Bewegungen des Sämanns; *semer* aber auch als Anspielung auf die Kopulation dieser Vögel in der Luft während des Flugs. (frz. »il sème« = »ils s'aiment«) »Ziel« des Gedichts ist aber der am Anfang und am Schluß resümierte Vergleich: *So ist das Herz*. Der kreisende und schreiende Vogel steht in Opposition zur Beständigkeit, zur »Ordnung« des »Hauses«. Auch das menschliche Herz trägt den Impuls, alle Ruhe, Bewegungslosigkeit und Vertrautheit zu bedrohen, zu (zer)stören. In die Systeme der Sicherheit, sagt das Gedicht, bringt der Mensch (*Herz*) das Unstete, den Aufbruch ein.

Herz ist bei Char nie im sentimentalen Sinne gemeint, es bezeichnet immer die Energie, die die menschliche Individualität, seine Kampf-Kraft schafft und erhält; das *Herz* macht das Wesen der Menschen aus für Char, nicht der Kopf. Das Herz ist dem Menschen und seinen Möglichkeiten stets »voraus«, ist die oft wiederkehrende Aussage Chars (das Herz »übersteigt« den Menschen, sagte Rilke). Im Blitz und im Schrei (*qui vire et crie*) sind für Char Leben und Tod verbunden. In der islamischen Tradition versinnbildlicht der kreisende und schreiende Vogel den wiederbelebten, neugeborenen Menschen.

PLEINEMENT – VOLL UND GANZ (S. 52/53)
Letztes Gedicht der Sammlung ›Les matinaux‹ (›Wanderer in den Morgen‹). Das Gedicht wird in der Char-Literatur (Paul Veyne, Eric Marty) als Liebesgedicht gesehen, enthält aber von der ersten bis zur letzten Zeile auffällig viele Todesmotive: *Knochen – Erde – bröckelnd durch unsere Gesichter – die Glut vergangen (la chaleur s'était tue) – sterbendes Leben (vie mourante) – Tod – die Wolle troff – Gras war zertreten und nackt.*

Doch diesen Todesmotiven steht entgegen: *frische Liebe – war nichts vorbei – neu beleben – Unendlich gewann es Gestalt – In neuem Einklang.* Die letzte Zeile – *Das Gras war zertreten und nackt* – ist doppeldeutig wie das ganze Gedicht: Kann Kampf und Tod bedeuten, aber auch das von den Körpern der Liebenden niedergedrückte Gras. *Was fortdauerte, dies Eine* und *Dem sterbenden Leben zum Trotz:* Hier ist sowohl die Liebe als auch (wie in allen »Liebesgedichten« Chars) die Dichtung gemeint.

Wiederum in der Tradition Heraklits: »gemeinsame Gegenwart« von Liebe und Tod. Ein Liebesgedicht, ein Gedicht über den Tod und die Gewißheit der Unbesiegbarkeit der Liebe, ein Lob der lebenserweckenden Kraft der Dichtung und ein Gedicht über die Dichtung und die Freiheit, die sie zu vermitteln vermag. Das Gedicht, *hart unserem Schmerz zur Seite,* trotzt dem Tod. Der im dichterischen Wort aufbrechende »Zustrom des Seins in das Leben« (Char) wird hier bezeugt.

In den »Varianten«-Notizen in der ›Bibliothèque de la Pléiade‹ (S. 1179–1180) findet sich eine genaue Zeitangabe Chars, wann er das Gedicht geschrieben hat: 1. September 1949, 3 h–5½ h. Das ist genau zehn Jahre nach Beginn des Zweiten Weltkriegs. Sicher bezieht sich der Text auch auf diese Tatsache: Beginn des Tötens und des Todes – Beginn der widerständigen Kräfte dagegen: *amour frais, la chose qui continuait, opposée à la vie mourante, ses deux yeux nous unissaient.* Das ganze Gedicht ist also auch auf diesem politischen Hintergrund zu sehen, auch im Blick auf Chars erdnahes Leben und Kämpfen in Gräben und »Höhlen« als Widerstandskämpfer.

LA BIBLIOTHÈQUE EST EN FEU –

DIE BIBLIOTHEK IN FLAMMEN (S. 62/63)

Das Gedicht erschien 1956 mit einem Farbholzschnitt von Georges Braque, dem es gewidmet ist. In weiteren drei Farbholzschnitten zu diesem Gedicht entwickelt Braque sein wichtiges und die nächsten Jahre seiner Arbeit bestimmendes Motiv des Vogels; dem Vogel und Vogelflug widmet er tiefsinnige Betrachtungen, sieht sie als Symbole und Zeichen, die Vögel als Verkünder von Voraussagen.

Im Gedicht sind die Heraklit-Motive des Feuers, des Blitzes, des Lichts vorherrschend; Anspielungen auf die »Hölle« des Lebens im Maquis (*Mündung der Kanone, der Geist [...] hat gezittert*) und die große Befreiung daraus; zahlreiche Motive der Freiheit.

»La bibliothèque est en feu« war eine »message«, die Char als Capitaine seiner Widerstandsgruppe während des Résistance-Kampfes erhielt, eine jener »Botschaften«, die, von der Exilregierung de Gaulle aus London gesandt, den Widerstandskämpfern Anweisungen für geplante Aktionen,

Waffenabwürfe oder Einsätze übermittelten und im Maquis über Funk empfangen und entschlüsselt wurden. René Char beschreibt in seinen Aufzeichnungen aus dem Maquis, in dem Buch ›Hypnos‹ (Fragment 53), wie eine Waffenlieferung, die mit diesem Code-Satz angekündigt und nachts aus einem Flugzeug mit dem Fallschirm auf einem von Char angegebenen Terrain abgeworfen worden war, explodierte und weite Waldgebiete, in denen die Widerstandsgruppe sich versteckt hielt, in Flammen setzte und die résistants in Lebensgefahr brachte.

Der Titel ist auch eine Anspielung auf den Brand der größten antiken Bibliothek in Alexandrien, die im Jahre 47 v. Chr. durch Kriegseinwirkung zerstört wurde; dabei wurde das gesamte dort in mehreren hunderttausend Werken aufbewahrte Wissen der antiken Geisteswelt vernichtet. Char spielt wohl auf diesen Verlust aller Tradition und allen überlieferten Wissens an, aus der Erfahrung, daß in lebensbedrohenden Grenzsituationen Bildung und Wissen nichtig werden, daß solch ein Feuer andere menschliche Fähigkeiten weckt, neue Erkenntnisse und neues Handeln, Aufbruch und Neubeginn fordert. Mary-Ann Caws (›L'œuvre filante de René Char‹, 1982) möchte lesen: »La bibliothèque étant feu« (»die Bibliothek als Feuer«), weil sie in diesem Gedicht die Thematik des ›Memorial‹ von Pascal sieht. *Wie meine Freiheit [...] künden*: betont die Erfahrung der Freiheit und Befreiung, sowohl von den Begrenzungen der Natur wie denen eines höchsten Zieles oder Endes, wie die klassische Philosophie oder die Religion sie setzte. Dieser Aphorismus über die Welt ohne *Grund* und *Decke* (*fond* und *plafond*) ist das philosophische Fazit Chars und kann als Zusammenfassung der Philosophie dieses Jahrhunderts gesehen werden, deren Denken ihrer wesentlichen Vertreter »an-archisch« und »anti-teleologisch« ist (Heidegger, Wittgenstein, Foucault).

L'ALLÉGRESSE – DIE HELLE FREUDE (S. 64/65)

Das Gedicht ›L'Allégresse‹, entstanden November 1960, reiht zunächst Bilder und Zeichen einer unheilen, sinnlosen und chaotischen, einer »verkehrten« Welt der Verwirrung, Angst und Hoffnungslosigkeit aneinander. Die Frage ist, wo denn in diesem pessimistischen Text, in diesem furchtbaren Geschehen *Freude* aufleuchtet. Es ist die *Brücke* (im letzten Absatz), die dem Geschlagenen zugänglich ist, den eindringenden Sieger belügt. Das Bild der Brücke, des sich Haltens im Übergang, ist seit jeher überladen mit metaphorischer Bedeutung. Nach Chars Widmung auf der ersten Seite der Sammlung ›Pauvreté et privilège‹ aus dem Jahre 1954 muß hier aber wohl in erster Linie an die stillen, enttäuschten Kämpfer gedacht werden, die geduldig geblieben und nicht untätig geworden sind und die René Char dort anredet und preist mit dem Satz: *Ihr seid die Brücke*.

Zu dieser Brücke, die die Menschen bilden, den Angreifern im Wege, gehört nach Chars Worten: das Festsein gegen die tobende Meute der Betrüger; nahe der gemeinsamen Erde und über dem »Leeren« zu sein; diese Beständigen sehen noch den letzten Strahl und signalisieren bereits den ersten Strahl der Sonne; sie dienen dem Leben.

Schwer zu deuten ist der letzte Satz des Gedichts. So wie hier findet sich in Chars Texten häufig die offene Montaignesche Frage am Schluß: Was wissen wir, um das Richtige zu tun? Dem Leser ist die Antwort aufgetragen. Es ist hier die Frage, ob der Mensch mit den gesammelten und geernteten Erfahrungen seines Herzens bereit ist, den Tod zu akzeptieren, eine solche Welt der Zerstörung und Sinnlosigkeit, aber auch zugleich der Hoffnung, zu verlassen, das Chaos zu akzeptieren, oder ob er den Ansatz eines Sinns zu erkennen vermag.

Die Grenze nicht nur des menschlichen Denkens, sondern auch des Herzens, das das Denken übersteigt, ist erreicht und wird anerkannt. Aber das *précéder* und *suivre* sind wohl menschliche Verhaltensweisen vor dem Tod. *Le cœur, ce gerbeur* – *das Herz* ist der *Garbenbinder*, die Garben mit den vollen Ähren deuten Ernte und neue Aussaat zugleich an. Auch bei Heraklit ist das Menschenherz das leidend-tätige Zentrum, in dem alle menschlichen Kräfte und Erfahrungen zusammentreffen und gebündelt sind.

St. Exupérys Worte aus dem ›Nachtflug‹ treffen auf dieses Char-Gedicht zu: »Sieg... Niederlage...: diese Worte haben keinen Sinn. Begriffe, Bilder, unter denen das wahre Leben sich regt und schon wieder neue Bilder schafft. Ein Sieg schwächt, eine Niederlage weckt – neu... Das Geschehen en marche allein gilt.« *Brücke* kennzeichnet auch das heraklitische »Umschlagen«, von einem Zustand in den anderen, den »Um-Schwung«: »Ein und dasselbe, Lebendiges und Gestorbenes, Waches und Schlafendes, Junges und Altes. Dieses schlägt um und ist jenes, jenes wiederum schlägt um und ist dieses.« (Heraklit, Fragment 88)

So ist gerade Chars Frage am Schluß ein Gegen-Wort und Widerstand gegen das Bestehende; und dieses Wider-Wort der Revolte ist zuallererst begründet in Chars antifaschistischer Résistance; von diesem eindeutigen historischen Bezug darf seine Lyrik nicht losgelöst werden. Sie ist historisch zu lesen und weist zugleich ständig über diese Historizität hinaus.

L'ÉTERNITÉ À LOURMARIN –
DIE EWIGKEIT ZU LOURMARIN (S. 66/67)

Gedicht zur Erinnerung an den bei einem Autounfall am 4. Januar 1960 tödlich verunglückten Freund Albert Camus, einige Wochen nach dessen Tod geschrieben (April 1960). Über die Beziehung beider zueinander gibt es von Camus wie von Char »Quellen« als Grundinformation. Neben Chars

Texten ›Ich will von einem Freund sprechen‹ (Pl, S. 713/714) und ›Geburt und Anfang einer Freundschaft‹ (1965 in ›La Postérité du soleil‹, Lausanne 1986, S. 135–140) ist dieses Gedicht ein Zeugnis der Freundschaft. Von Camus stammt auch das Vorwort zu Chars erster deutscher Gedichtausgabe von 1959 (Pl, II, S. 1163–1166).

Lourmarin: Dorf in der Vaucluse (Provence) am Südhang des Luberon-Gebirges. Hier hatte Camus 1958 für einen Teil seines Nobelpreisgeldes (1957) ein kleines Haus inmitten des Ortes gekauft, hielt sich hier in seinem letzten Lebensjahr 1959 mehrfach längere Zeit auf, traf sich oft mit René Char zu Gesprächen und Wanderungen. Von hier aus brach Camus im Wagen seines Verlegers Gallimard zur Unfallfahrt nach Paris auf. Camus liegt auf dem Dorffriedhof von Lourmarin begraben. Die Freundschaft zwischen beiden Dichtern begann unmittelbar nach dem Zweiten Weltkrieg, im Herbst 1945. Chars Aufzeichnungen aus dem Maquis, die ›Feuillets d'Hypnos‹, wurden von Camus 1945 ediert, und Char widmete sie dem Freund. Beide diskutierten gemeinsam Camus' großen Essay ›L'Homme revolté‹ (1951), dessen erste Fassung René Char gewidmet ist (»es ist unser gemeinsames Buch«, schreibt Camus dort), ebenso die von Camus in der Résistance-Zeitung ›Combat‹ veröffentlichten politischen Texte (›Actuelles I‹).

Camus hat in René Char den älteren, stärkeren, helfenden Bruder gesehen. Ihre Freundschaft war eine verläßliche exemplarische »fraternité«, die sich von der Absurdität des Lebens, die beide klar ins Auge faßten, von den politisch-gesellschaftlichen Aufgaben und Erfordernissen ihrer Zeit nie abgewendet hat. *Mit ihm, den wir lieben, ist unser Gespräch verstummt, und doch herrscht kein Schweigen:* René Char hat diese *conversation souveraine*, wie er sein ständiges Gespräch über zeitliche Grenzen hinaus nannte, mit dem Freund und mit anderen ihm wichtigen Künstlern und Denkern seiner und früherer Zeit (seine »wesentlichen Verbündeten«) bis zu seinem eigenen Tod 1988 fortgesetzt.

Dieser Gedicht-Text ist eine Art Protokoll einer Beschwörung und versuchten Annäherung an den gestorbenen Freund, der *schon vor uns* ist. Der überspringende Funke dieser versuchten »commune présence« ist ein *eisiger Blitz*; aber die *gemeinsame Gegenwart* ist Gewißheit, gehört zum *Wesentlichen in uns* (Char).

LÉGÈRETÉ DE LA TERRE – LEICHTSEIN DER ERDE (S. 94/95)
Zuerst konzipiert als Entwurf eines Briefes an den Dichter Pierre-André Benoit. Das Gedicht nimmt ein Hauptmotiv der Dichtung Chars auf, das schon Jahre zuvor in dem Text ›Wir fallen‹ (›Nous tombons‹, Pl, S. 404) erschien, ebenso in dem Text ›Rückenwirbel‹ (›Aromates chasseurs‹, Pl,

S. 516). Bei Char kaum eine Anspielung auf den biblischen Sünden-»Fall«, eher auf die irdische Schwerkraft, die als natürliche Kraft der Fortbewegung und zur Beschleunigung dient, aber zum selbstverschuldeten Untergang des Menschen führt. Auch Hölderlin (›Hyperions Schicksalslied‹, letzte Strophe) klingt hier an.

Überschrift und letzte Zeile des Gedichts stehen gegeneinander. Dem Leichtsein (der Unbeständigkeit, Gleichgültigkeit, Leichtigkeit, das alles könnte *légèreté* auch bedeuten) der Erde steht die Beständigkeit und Dauer des Herzens gegenüber, das die Liebe, die *außer Gebrauch* ist, in Gang setzen könnte; von dieser »Bremse« gegen den »Fall« und Untergang Gebrauch zu machen, dazu bestünde ständig die Möglichkeit. Das leidendtätige Herz ist das Zentrum und die Antriebskraft des Widerstands gegen das *Fallen*, gegen die (Selbst-)Zerstörung (*se défait*) des Menschen, gegen das »Nichtgeleistete«, wie Rilke sagte (dessen Werk Char sehr genau kannte und schätzte), der die zu leistende Aufgabe des Menschen »Herzwerk« nannte. Der Mensch ist grundsätzlich hinter sich selbst, hinter der potentiellen Energie seines Herzens zurück, das uns »übersteigt« (Rilke).

In diesem Gedicht ist, in elegischer Milderung, vom Sprecher auch eine Anklage zu hören: Denken und Fühlen des Menschen sind unzulänglich und falsch in den Unterscheidungen zwischen Mensch und Transzendenz, Mensch und Natur, Leben und Tod. *Ruhe*, Nichtbewegung, ist nicht *Rettungsplanke*, sondern das Gegenteil zum Leben; nur im Vorwärtsschreiten wird Leben fruchtbar; ein kämpferischer, aufbrechender Geist ist nötig: *Komfort (Ruhe) ist Verbrechen, hat mir die Quelle in ihrem Felsen gesagt* (›Das zermürbende Alter‹, hier S. 77).

Der menschlichen Existenz, dem *uns zugewiesenen Himmel* (Glaubensangebot) oder *dem ersehnten Buch*, welches auch immer gemeint sein mag: ob Bibel, Weisheits- oder Geschichtsbuch, vom denkenden und suchenden Menschen geschrieben, das unserem Herzrhythmus nacheilt, auf gleicher Höhe sein möchte: allem wird ein Antwort und Klarheit gebender »Sinn« abgesprochen. Doch das menschliche Herz, in dem sich alle Widersprüche sammeln und auflösen, überdauert alle religiösen oder ideologischen Rettungs- und Sinngebungsversuche; es ist allem Erdachten und Geglaubten voraus, bleibt die einzig beständige Kraft. *Der Abend befreit sich vom Hammerschlag, der Mensch bleibt an sein Herz gekettet*, heißt es in ›Le nu perdu‹ aus dem Jahre 1978 (Pl, S. 446).

Herz und Feuer im Sinne Chars und Heraklits sind lebensvernichtende und lebensspendende Wirklichkeit (schon sprachgeschichtlich hängen griech. zen = leben und zein = glühen zusammen). Die zerstörende Wirkung des Feuers ist kein Übel, weil es Veränderung schafft und Platz für neues Leben; es ist Sinnbild der Erneuerung und des verwandelnden Wechsels. Die vielen Stellen über die Wirkungen des *Blitzes* im Werk René Chars wären hier zu nennen, die *brefs éclairs*, die die Zeit spalten und wieder vereinen, wie es im Text über Rimbaud heißt. (Pl, S. 730)

SE RÉCHAUFFER L'ARDEUR – DIE GLUT ANFACHEN (S. 94/95)

Das Gedicht ist datiert vom 6. Dezember 1981; aus dem Umkreis der Gedichte unter dem »Zeichen des Winters« (die frühe und mittlere Zeit stand unter dem Zeichen der Sonne und des Sommers); Motive der Kälte, der Verlassenheit und der dunklen Vision einer beschädigten und verlorenen Erde und des von Vernichtung bedrohten Lebens. Die verstummten, ängstlich in den Schutz der Bergwand fliegenden Drosseln im Vergleich mit dem noch ungeschützteren Menschen. Beiden gemeinsam ist die Angst mit ihrem unermeßlichen, *nie benutzten Wissen*. Die bedrohliche Kälte in den Wörtern: *froid, vent, lancées, décembre, peur, soleil disparut, palette étroite*, doppeldeutig *montagne*: gemeint wohl der Mont Ventoux, auf den Char von seinem Hause aus blicken konnte, der aber oft im Werk – und so auch hier – als erhabenes und geliebtes Gebirge den Blick nach oben und nach vorn ausrichtet. Nur schwach die Hoffnung – die Notwendigkeit –, die der Titel anzeigt: die Lebensglut wieder neu anfachen, die *Röte* der Berge, die *junge Erde*, die ein Neuwerden in der Zukunft anzeigt, an anderer Stelle im Werk als *Zukunftserde* gekennzeichnet.

Der Titel des Gedichts steht in Spannung und Verbindung zu den Aussagen des Textes über den Zustand des Winters, der Kälte, der Angst und Verlorenheit; auch in Parallele zum Titel dieser Gedichtsammlung von 1982: ›Loin de nos cendres‹ (›Fern unserer Asche‹). Char hat in vielen Gedichten Aussagen zur ›Psychoanalyse des Feuers‹ (Gaston Bachelard) gemacht, zu seiner belebenden, erweckenden Kraft, sah es als Bild und Beispiel der Veränderung, des neuen Werdens. Die Metamorphose des zeugenden Feuers kann als Anlaß und Ziel seines gesamten Dichtens, des schweifenden und zündenden dichterischen Träumens gesehen werden. (Vgl. auch das hier vorausgehende Gedicht ›Leichtsein der Erde‹, in dem Leben, Liebe und Feuer miteinander verbunden werden.)

Der Marschierer und Läufer (*coureur des vertes eaux*) steht dem drohenden »epochalen Winter« und der »Asche« entgegen, durchschreitet die Winterkälte, wenn auch schutzlos. Chars Gedichte zwischen 1975 und 1985 stellen immer die gleiche Frage: Wie die Glut wieder anfachen? Sie schweben zwischen Angst und Hoffen, Asche und Feuer, Energie und Hinfälligkeit; auf welches fruchtbare oder unfruchtbare Ufer öffnet sich *die Schleuse eines kurzen Schlafs*? Im Mittelpunkt des Gedichts steht – wie in keinem anderen sonst – die Angst und erinnert an eine der letzten Notizen des ›Hypnos‹ (1946) nach durchstandenem Widerstandskampf: *Angst:*

Skelett und Herz; Stadt und Wald; Kot und Magie; unbeschreitbare Wüste; in der Einbildung bloß besiegt; siegreich; stumm; Herrin der Worte; Frau eines jeden und aller; und Mensch. (›Hypnos‹, Fragment 235)

L'AVANT-GLANUM – DAS VOR-GLANUM (S. 98/99)
›Das Vor-Glanum‹ gehört zu den letzten Gedichten, die Char noch zu Lebzeiten veröffentlicht hat. Es ist ein Gedicht, in dem Char seine verzweiflungsvolle Nähe zu Vincent van Goghs geistig-künstlerischem Schicksal benennt. Zwei Bilder van Goghs scheinen den Bezugspunkt für dieses Gedicht zu bilden: ›Sternennacht‹ und ›Weg mit Zypresse‹, beide 1889 in St. Rémy / Glanum entstanden.

Nicht den herkömmlichen Topos des still und erhaben glänzenden Sternenhimmels findet Char in den Bildern van Goghs, sondern aggressive, stürzende Sterne in einer unheimlichen Nähe zur unheilvollen Welt der Menschen. Das Rot erscheint in apokalyptischer Weise als Farbe des Unheils und der Gewalt. Die Sterne, die *göttlichen Schausteller*, werden in einer fast frivolen, auf keinen Fall hilfespendenden Beziehung zu den Menschen gesehen. Das fundamentale Erschrecken über die universelle Verlorenheit, die absolute Chancenlosigkeit einer sinnhaften, beständigen menschlichen Ordnung werden von Char in der Rezeption der Bilder van Goghs in immer neuen Metaphern umkreist. In dieser so erkannten Situation, im Bewußtsein von Tod und Abwesenheit von Sinn verliert auch künstlerisches Schaffen seinen Sinn und Antrieb.

Der Titel des Gedichtes enthält den Ortsnamen Glanum. Er bezeichnet eine griechisch-römische Siedlung, deren Ruinen seit 1920 durch archäologische Grabungen zugänglich gemacht wurden. Als van Gogh die beiden Sternenbilder malte, befand er sich zur Behandlung in der privaten Nervenheilanstalt Saint Paul, die in einem alten Kloster am Rande des antiken Glanum untergebracht war. Im Titel enthalten ist also, räumlich gesehen, der Hinweis auf van Goghs konkreten Leidens- und Arbeitsplatz. Gleichzeitig könnte, zeitlich verstanden, ›Das Vor-Glanum‹ Chars Ablehnung der Geschichte als einer gigantischen Fehlleistung der Menschen, die in seinen letzten Lebensjahren immer ausgeprägter wurde, enthalten.

Saintes: Wahrscheinlich ist der kleine Ort Saintes-Maries-de-la-Mer gemeint, wo van Gogh auch gemalt hat.

RICHE DE LARMES – REICH AN TRÄNEN (S. 100/101)
Dies ist René Chars letztes großes Fragmente-Gedicht, an dem er bis in die letzten Wochen seines Lebens gearbeitet hat (abgeschlossen im Dezember 1987). Ein Rückblick im vergehenden Licht, schon von weither gesprochen,

im Abschiednehmen von der Erde und den Menschen, dem Abschied schon voraus.

Viele Themen der Dichtung Chars klingen noch einmal an in dieser leicht elegischen, dennoch sachlichen, kaum Trauer ausstrahlenden Bestandsaufnahme, diesem letzten Nachdenken über das schmerzliche und schöne Leben, die Arbeit des Dichters, über die Dichtung als Zwiegespräch des Sprechers mit einem »interlocuteur«, als große, erschöpfende Anstrengung; über ihre einzigartige Wortkraft, ihre Bedrängnis und ihre Freiheit, die sie birgt und bringt, den »Freudenschwall« dann und wann; über die Kraft und die Ohnmacht des menschlichen Daseins, das Bewußtsein der Zeitlichkeit und Vergänglichkeit, aber auch über die Vitalität und Energie des menschlichen Lebens, die ständig unausschöpfbar bleibende Gegenwart.

Der Mensch ein *dauerndes Licht* und *fragende Fackel*. Noch einmal das Lob der heraklitischen Welt- und Lebenserfahrung: Feuer, Licht, Energie, Sinnbild des verwandelnden Wechsels, der verändernden Macht des Lebens, in der auch das Leben des Abschied nehmenden Sprechers einbezogen ist.

Neben dem Lob der Dichtung, das Chars Gesamtwerk durchzieht, zeichnet sich in einigen Fragmenten dieses letzten Gedichts der Verzicht auf eine oft nahezu dogmatisch gesetzte ersatzreligiöse Rhetorik ab, die den Dichter als Sinngeber und Seher (in vielen früheren Gedichten) sah. Statt dessen Zustimmung zum Leiden, Bewegung auf das »Offene« im Fremdwerden der eigenen Welt: *Lassen wir die Energie und kehren wir zur Energie zurück. Das Maß der Zeit? Der Funke, unter dessen Strahlen wir erscheinen und wieder verschwinden in die Sage.* Erfahrungen eines gelebten Lebens, gleitend zwischen Licht und Schatten, Schwäche und Kraft, Bewunderung und Zweifel, der Mensch als »Lichtbringer« und Schmerzensträger, zwischen *der verlockenden Wiege* und der *zweifelhaften Erde*. Dieser Rückblick hinterläßt keine »Lehre«, kein festes Wissen, keinen Ratschlag, zeigt nach dem Durchleben der Schmerzen, der Freiheit und Liebe (die vor allem die Dichtung zu geben vermag) eine »souveräne Bescheidenheit« (»modestie souveraine«). Das Prinzip der Bewegung, des Fragens, des Verbindens von Vergangenheit, Gegenwart und Zukunft herrscht vor, der leise und zurückhaltend versuchten Antworten, aber immer an den Satz René Chars aus seinen letzten Lebensjahren erinnernd: *Wir alle sind ohne Antwort vor dem Geheimnis* (des Lebens, der Dichtung, die als »Salz« für den Menschen bleibt: *Tränenschwer der Tau, Abendschwer das Salz*).

Stern im Kanal: nahe dem Hause Chars bei L'Isle-sur-Sorgue ein Bewässerungskanal, an dem er oft nachts oder am frühen Morgen spazierenging.

Nicolas de Staël: mit René Char befreundeter, von ihm hochgeschätzter

Maler, zeitweise in der Nähe Chars, in Lagnes und Ménerbes lebend, der sich 1955, mit 41 Jahren, das Leben nahm.

Das ganze Gedicht ›Reich an Tränen‹ variiert und meditiert noch einmal Gedanken aus Gedichten der Sammlung ›Aromates chasseurs‹ von 1975, die des Sprechers »Abschiedlichkeit« und seinen »Blick nach vorn« zeigen: *Voran auf dem neuen Weg. Um das, was kommt, sich zu grämen, gibt es wenig Gründe... Sich entfernen, sich unerschütterlich beugen, seine Morgenröte im Rücken, hin zu den langsamen Schwüngen eines geliebten Gebirgs... Im Sterben finden wir wieder, was war, bevor die Erde und die Gestirne gegründet wurden: den Raum. Dieser Raum, in all seinem Aufwand, sind wir. Werden wieder Licht in der Luft, kehren zurück in sein heiteres Schwarz.* (Pl, S. 526, 517).

CURD OCHWADT
Vier Kommentare zu Gedichten René Chars

AISÉ À PORTER – LEICHT ZU TRAGEN (S. 78/79)
Von Char 1966 in die Provence eingeladen, erbat Heidegger ein Gespräch über Rimbaud. Er sprach zwei Stunden in Chars Haus über Rimbaud, über die Gefährdung der Dichtung und des heutigen Menschen. Char, tief betroffen, hat schriftlich geantwortet (›Réponses interrogatives à une question de Martin Heidegger‹, Pl, S. 734–736).
   Offenkundig erinnerte er sich bei der Nachricht von Heideggers Tod an dieses Gespräch. Es ging um den Widerstreit zwischen dem *Menschen der Aktion* (›Moulin premier‹ XXII, Pl, S. 67) und dem »Vorrang« des Dichters vor diesem; in Heideggers Fragen: »Wird das Sagen des kommenden Dichters [...] dem Menschen den neuen Aufenthalt auf der Erde bereiten? Oder wird mit der drohenden Zerstörung der Sprache durch Linguistik und Informatik nicht nur ein Vorrang der Dichtung, sondern diese selbst in ihrer Möglichkeit untergraben?« (›Rimbaud vivant‹, in: Gesamtausg. Bd. 13, S. 227.) Für Char war Rimbaud, und darin begegnete ihm Heideggers Frage nach »dem neuen Aufenthalt auf der Erde«, *der erste Dichter einer noch nicht zutage getretenen Kulturwelt* (Pl, S. 732). Ähnlich hat Heidegger mit Hölderlins Wort »Vor der Zeit!« (Variante zu ›Brod und Wein‹) den »Beruf der [...] Sänger« als »großem Geschicke voran [...] dienen[d]« verstanden (Gesamtausg. Bd. 4, S. 184, 190). Damit sind knapp die Erinnerungen angedeutet, aus denen Char in ›Leicht zu tragen‹ von *Heidegger* zu *Rimbaud* überging:
   Not tut Arthur Rimbaud zu durchleben, seinen frischen, die zeitgenössische *Dummheit der Pariser Dichter* (Pl, S. 275) verwerfenden Aufbruch nach-zuleben, der *inmitten der Teilnahmslosigkeit* stumpf *zu Asche zerfallender Kloben* wie der *Saft eines grünen Astes schäumt und kocht*. Gegen solches schnell sich verzehrende Dichten, gegen sein Vor-deuten auf *noch nicht zutage Getretenes*, will aber *die Wüste*, das ausgebrannt Unwohnliche, recht behalten. Ihr schon *stechender Finger* wird *noch einmal* vom *Feuerschirm* des Kamins *aufgehalten*, auf dem *die Schrift so genau erscheint* – und für die Nachkommenden bleibt –, ob auch seine *Unrührbarkeit trügerisch ist*.
   Wie Char erzählte, begegnete Heidegger und ihm auf einem Spaziergang

ein Schauspieler mit seinem am Fuß verletzten Kind auf dem Arm, das sein Köpfchen so hingebungsvoll dem Hals des Vaters anschmiegte, wie in der griechischen Vasenmalerei das gerettete *Ödipus*-Kind mit seinen durchbohrten Füßen sich dem Hirten *Euphorbos* anlehnt. Beide waren von dem Bild sehr bewegt, an das Char sich gern erinnerte. Doch wenn die Rettung des Ödipus-Kinds in einer Epoche, in der *der Mensch ein Fremdling für die Morgenröte* dichterischer Anfänge ist, zunächst darauf deutet, daß es gleichwohl *auf der Jagd nach einem Leben, das noch nicht gedacht werden kann [...] gesunde und unverdorbene Kinder [gibt], die entdecken* (›Jacquemard et Julia‹, Pl, S. 258) – Rimbaud war ein solches *Kind* –, so ist damit bei weitem nicht alles gesehen. Das Gedicht endet nicht bei der glücklichen Rettung des Kindes, auch wenn es über dessen Ankunft in *Korinth* nur mit dem dem Hirten unbekannten *Orakelspruch* hinauszeigt, der die Tragödie des König Ödipus begründet. Ödipus, Retter und Herr Thebens, wird durch sein unbedingtes Verlangen nach Wahrheit aus strahlendem Ruhm und scheinbarer Gnade der Götter herausgerissen durch den zunächst verhüllten Tatbestand, daß er Mörder seines Vaters und Entehrer seiner Mutter ist. Die Analogie zu Rimbaud liegt in der Tragik, daß Rimbaud auf seinem wenige Jahre währenden, sein Schicksal entscheidenden Weg schrittweise aufdeckt, daß die Zeit für seinen Entwurf einer neu zu »bereitenden« Menschenwelt noch nicht reif ist. Char, der Rimbaud bis ins entlegene Zeugnis kannte, hat um den »Schrecken«, um das »herzzerreißende Unheil«, (A. Rimbaud, ›Œuvres complètes‹, Pléiade 1972, S. 111, 114) gewußt, das am Ausgang von Rimbauds *Entdecken* stand. Die Entsprechung zur Ödipus-Tragödie findet sich in einem weiteren Rückgriff Chars auf das delphische Orakel: *Er* (Rimbaud) *sieht, berichtet und geht nach vier Jahren dichterischen Daseins am Arm einer Pythia weg, die kein anderer als der Minotaurus ist* (Pl, S. 727). Der Minotaurus: das Wesen, dem im Zentrum des Labyrinths athenische Mädchen und Jünglinge geopfert wurden. Der »vor der Zeit« *auf der Jagd nach einem Leben, das noch nicht gedacht werden kann*, aufgestandene Dichter ein Opfer? Rimbaud sah das 1871 als weiterführende Möglichkeit: »Soll er (der Dichter) nur zerbrechen in seinem riesigen Sprung [...]: kommen werden andere [...]; sie werden bei den Horizonten anfangen, wo der Vorgänger hingesunken ist!« (Rimbaud a. a. O., 251.) *Heidegger* hat »zögernd« gefragt, ob »wir Heutigen schon hinreichend diesen Horizont [...] kennen, den Rimbaud ›gesehen‹ hat?« (Heidegger a. a. O., Bd. 13, 225, 227.) *Leicht zu tragen* ist ein solches *Kind* nur für den, ob *Hirte* oder Leser, der *nichts* von dem *weiß*, woran bei den Worten *Arthur Rimbaud zu durchleben* zu denken ist.

À FAULX CONTENTE – DER ZUFRIEDENEN SENSE (S. 78/79)
Char mag die alte Form *faulx* für la faux, die Sense und die Sichel, auch gewählt haben, um Verwechslung mit faux, falsch, auszuschließen. Doch war *la faulx* in seiner Sprache »Hauptwerkzeug« geworden (*l'outil-roi*, Pl, S. 592); das Gehobene der älteren Form betont diese Bedeutung. Vergegenwärtigen wir kurz, daß Char von Kindheit an in seiner Heimat mit dem Gebrauch der Sensen und Sicheln auf Feldern, in Gärten, an Straßen- und Wegrändern sowie Gräben und Fluß vertraut war und daß die Sense ein Symbol des Todes war.

Das Gedicht atmet auf, wenn *die Folgerungen nicht mehr* (wie durchweg in der *Überflutung* durch die alltägliche Wörter- und Meinungenschwemme) *verneint werden*: die *Bande zerspringen*, worein das gängige wie das wissenschaftliche Vorstellen die Dinge verknotet, die *der Dichter berühren*, ins Gedicht übertragen, kann. Die *Iris*, nach Hochwasser der Sorgue *wiederaufgetaucht*, gibt nicht nur ein Bild für das Aufatmen des Gedichts *im Freien. Iris* ist *Name einer Gottheit der griechischen Mythologie, die Botin der Götter war* (Pl, S. 346); dies erklärt ihre *Unversehrtheit* auch hier.

Das – nach Kämpfen und *Schmerz* – blutbedeckte *Herz* ist *Quelle und Grab des Gedichts*. Meint die *Quelle* das Entspringen des *Gedichts*, so das *Grab* den Tod.

Befreit atmend empfängt das Gedicht an seiner *Quelle Einflüsse aus Milliarden Jahren und*, es *kreisförmig* zur dichterischen Form schließend, den *nie kapitulierenden Gesang des Orpheus*. Dieser kapituliert nie: *Es gibt* immer *zwischen der Welt des Glaubens und der der Erkenntnis den* von den Mänaden *abgeschnittenen Kopf der Ersten Gestalt* (Pl, S. 754), der der Sage zufolge noch singt.

Die Metapher, im Mund des Dichters, der das Griechische liebte, darf nicht bloß als Begriff der Rhetorik verstanden, sie muß als Geschehen zwischen *Worten, die lebende Quellen sind, ähnlich den Delphinen, die untereinander Töne aussenden und sich verstehen*... (Pl, S. 828), durchdacht werden. In der *Metapher* werden die Worte aus ihren zersprungenen Banden ins neue, *kreisförmig* in sich vollendete bildhafte Sagen übertragen. *Vom plötzlichen Umschwung der Bedeutungen überrumpelt, wächst der Dichtung ein Jenseits* der bisherigen Dimension des Sprechens *zu, ein Jenseits ohne Vormundschaft* (unabhängig von Religion, Mythologie, Sprachwissenschaft usf.). In dem *Umschwung* der Wortbedeutungen zur *Metapher* der *Dichtung* und dem ihr zuwachsenden *Jenseits geschehen wesenhaft* die Götter, – von *Iris* durch ihr Wiederauftauchen angekündigt. Dies *Geschehen* der *Götter* ist wesensverschieden von der Existenz *Gehorsam* verlangender Menschen, denen man deshalb *zuwiderhandlen* muß: *Gehorcht euren Schweinen, die existieren. Ich füge mich meinen Göttern, die nicht existieren...* (›Zuwiderhandeln‹, Pl, S. 413). Chars *Götter existieren nicht* wie greifbare Dinge und Volks(ver)führer *(Schweine),* sie *geschehen* in einem anderen Sein.

Das Gedicht scheidet nach dem Zuwachs *des Jenseits ohne Vormundschaft* Gegensätze wie *Frost und Glühendes* nicht mehr; so *versetzt* es *uns in einen ausgesetzten Schmerz.* Zwar *sind wir [...] ohne unsere Götter – diese Passate, die sich in der Vergessenheit wieder neu bilden – nichts als eine stinkende Wüste, als ein schnell gefesseltes Tier* (Pl, S. 739). Doch *in* den *ausgesetzten Schmerz versetzt sein, Göttern nahe, das ist Gefahr: Die Entfernung aufheben tötet. Die Götter sterben nur daran, unter uns zu sein* (Pl, S. 767). Der *ausgesetzte Schmerz* schafft kein statisches Verhältnis, in dem *das Herz* sich einrichten könnte. Es ist auch *Grab des Gedichts.*

Aus seinem Blick auf den Tod, für den *die Sense* steht, sagt Char: *Mit dem Tod haben wir nur eine Hilfsquelle: vor seinem Eintreten Kunst schaffen* (Pl, S. 413). Zu dem, was Bilder des Malers Wifredo Lam ihm als derartige *Hilfsquelle* zeigten, bemerkte er: *Die Antwort auf die Bildekraft bei einem solchen Maler ist verwirrend, weil die Sense (la faulx) dahin kommt, Leben zu geben anstatt es zu nehmen. Allerdings ist dies Hauptwerkzeug (l'outil-roi) wirklich da nur im Schwung, im abgewogenen Schwung [...]* (Pl, S. 592).

Ebenfalls *verwirrend,* dann aber zum Nachdenken *im Freien* ermunternd, daß *das Gedicht der zufriedenen Sense* zugeeignet ist?

QUANTIQUE – QUANTENHYMNE (S. 92/93)
Quantique habe ich durch *Quantenhymne* übersetzt, weil Char das phonetisch gleichlautende Wort cantique (Lobgesang, Hohes Lied, Kirchenlied) als Substantivierung des Adjektivs mitgehört haben wird, das sonst nur in Verbindungen wie physique quantique, mécanique quantique etc. (wie deutsch Quantenphysik usf.) gebräuchlich ist. Die kämpferische Ironie, die die Verschmelzung der beiden Worte und ihre Übersetzung ausdrücken, entspricht seiner Auseinandersetzung damit, daß er in seiner Lebenszeit den Aufbruch der menschlichen Techniken ins unendlich Weite des *Himmelreichs der Sonne* (Raumfahrt) und ins unendlich Kleine der nichtanschaulichen Felder der Mikrophysik geschehen sah. Der *Raummensch* mit seinen gefeierten *Heldentaten,* so hat Char 1959 den ›Anwohnern der Sorgue‹ mit ironischem Zahlengebrauch zugerufen, *wird eine milliardemal weniger reich an Licht sein und* demgemäß *eine milliardemal weniger Verborgenes eröffnen als der granitkörnig gemalte Mensch von Lascaux* ... :

der Frühmensch stand im Anfangslicht vor unzählbaren Entdeckungen, während *der Raummensch* als Endglied auf dem *Licht* vieler Generationen (in langer Kette physikalischer Forschung) aufbaut (Pl, S. 412). Den *Schrecken* der *kleinen Menschen* vor der Praxis des unendlich Kleinen hat der »Vater der Atombombe« geteilt (J. R. Oppenheimer); Char hat sich noch im Alter empört über den Bombenabwurf auf Hiroshima und entsetzt über die exzessive Atomrüstung ausgesprochen. Die in der Dimension der alles Bisherige millionenfach übersteigenden Energien des Atomzeitalters *klein* gewordenen *Menschen* sind zu ihrem *Schrecken* in *aller Hoffnung* bedroht, sofern Entscheidungen außerhalb des ihnen jahrtausendelang verliehenen *Lehensbezirks* sie gefährden, denen sie hilf- und fast verständnislos ausgesetzt sind. Das betrifft auch die *alten Menschenwege* und etwa mögliches »dichterisches Wohnen [...] auf dieser Erde« (Hölderlin). Wenn Quantentheoretiker als *Unschuldswäscher* den in den beiden Richtungen ausgreifenden Eroberungswillen vor jenem *Schrecken* verteidigen, so *stottern* sie; ihre Worte *verheddern* sich an dem Sachverhalt, daß sie *reich bloß an Tantalusqualen* sind: sie können (wie die Götter dem mythischen *Tantalus*) dem unstillbaren Verlangen menschlicher Not Vorteile und Zusicherungen nur vorhalten; diese sind immer wieder unerreichbar oder schädlich. – Das *Dunkel* des Unerforschten *blendet* die Augen der *Magier* gegen eine ursprünglichere Sicht; vor ihnen *klettert* der *Teilchen-Jasmin*, gleichsam mit der Unbestimmbarkeit von Quantensprüngen, er *vermehrt* seine Reihen und Stände wie Jasminzweige ihre Blüten. (Zu Paul Veyne hat Char gesagt, was aus dem Text schwer zu ersehen und kaum zu übersetzen ist, der *divisible jasmin* sei *die Atomwissenschaft, in der die Moleküle an Modellen miteinander verbundener Kügelchen dargestellt werden* (P. Veyne, ›R. C. en ses poèmes‹, Paris 1990, S. 269.) Zuerst mögen geblendete Magier in ihren *Dunkelkammern Angst* gehabt haben; *danach kamen* der *Rausch des Erfolgs, Ergebnistafeln, Meßmethoden,* – im Hören des Dichters: *nichts*. Aber er ist nicht Partei, wie er sich auch über das »Mein Gott, wie ist sie schön!« eines Astronauten freute, der aus großer Ferne auf die blaue Erdkugel blickte (J. Pénard, ›Rencontres avec R. C.‹, Paris 1991, S. 49). So sagt die Frage, *wer Überbringer der Ankündigung war*, vielleicht, daß man keine bestimmte menschliche Person als Verursacher nennen kann. – *Unter der Unerschöpflichkeit* der *Schlüssel*methoden *wird* die (bisherige) *Verriegelung* der Natur Unheimliches *losmachen*, einen *Drachen, der sich* (noch) *in seinem Netz wälzt*. Char sieht Gefahren wie im Urzeiten-Dunkel vor dem Durchbruch der griechischen Geisteshelle und nennt sie demgemäß im Bild eines (noch unbekannten, nicht des alten) *Python*drachens, *der sich* im *Netz wälzt*, diese schon gelockerte Gebundenheit aber mit seiner vom Menschen nicht erkannten dumpf-gewaltsamen Macht zerstören könnte, – es braucht eine sowohl ursprünglichere als auch verantwortlichere Geisteshelle, ein anderes Denken als das, das ihn *losmacht*, um dieser Gefahr zu begegnen. So folgt, daß die in der *Quantenhymne* angesprochenen *Magier* und Vertreter der Raumfahrt- sowie Atomtechniker *vor allem nicht* in ahnungsloser Herablassung zu dem Dichter »*Guten Abend*« sagen dürfen; sie haben mit seinen Sorgen um *die kleinen* wie überhaupt um die *Menschen der Erde* nichts gemein; sie kennen das Sehen des Dichters nicht; es wäre eine Selbsttäuschung und eine Verharmlosung, wollten sie ihm mit »*Guten Abend*« von gleich zu gleich begegnen. – (Hier treffen wir auf den »Vorrang« des Dichters vor dem *Menschen der Aktion*, vgl. den Hinweis im Kommentar zu ›Aisé à porter‹.)

IBRIM – IBRIM (S. 92/93)

Mit dem Namen *Ibrim* (Verkürzung von Ibrahim, Abraham) nennt Char einen jüdischen Landarbeiter und Nachbarn, mit dem er in den Jahren der Résistance befreundet war. Vor der Verfolgung durch Gestapo und Vichy-Behörden konnte er untertauchen, aber die Bedrohung seines Lebens nahm ihm gleichsam die *Atem*luft und ließ ihm vom Dasein nur ein *Schwindelgefühl*. Chars Résistants versorgten ihn *unterderhand* mit dem Nötigsten zum Überleben (*Die armseligen Gaben*). Nach Gründung des Staats Israel 1948 wanderte er, seinem lang gehegten Wunsch folgend, nach Palästina aus; er starb dort sehr bald. Eine ferne *Uhr*, ein Zeichen der *Zeit, die Bescheid weiß*, welche Ereignisse ihn vorzeitig ins Grab gebracht hatten, *dankte ihm elfmal.* (Zwölfmal hätte sie ihm gedankt, hätte *Ibrim* seine Lebens*tage* oder -*stunden* vollenden dürfen...)

Das Gedicht wurde am 21. November 1977 niedergeschrieben, am Tag, als der ägyptische Präsident Anwar al-Sadat erstmals in Jerusalem von dem israelischen Ministerpräsidenten Menachem Begin empfangen wurde. Damals wurde der Weg frei zu Verhandlungen, die zum ägyptisch-israelischen Friedensvertrag von 1979 führten. So darf vielleicht – wir wissen es ja nicht –, da Chars *Freund Ibrim seinen Rebstöcken zurückgegeben* liegt, an Könige I, 5,5 erinnert werden: »Juda und Israel wohnte in Sicherheit, jedermann unter seinem Rebstock...«

LOTHAR KLÜNNER

»Aufrecht in der Zeit wächst das Gedicht«
Zur Poetik René Chars

Poesie – Dichtung – Dichter, immer wieder springen uns diese Wörter aus René Chars Texten ins Auge. Er teilt nicht die falsche Bescheidenheit derer, die sich der Wirkungslosigkeit der Dichtung in unserer heutigen Gesellschaft schämen und, um Peinlichkeiten aus dem Wege zu gehen, die Berufsbezeichnung Dichter lieber durch Schreiber ersetzen. Die Bemühung, zeitbedingt zu wirken, ist für den Rang, den die Dichtung bei Char einnimmt, nicht nur ohne Belang, sondern sogar vom Übel: *Der heimtückischste Feind ist die Aktualität* (›Einer harschen Heiterkeit‹, s. S. 55). Die Dichtung mag sich wohl von der äußeren Realität anregen lassen, doch ihr Wesentliches bezieht sie *aus dem Land nebenan, aus dem Himmel, der eben verschlungen ward* (›Warum der Tag dahinfliegt‹, S. 61; ›Die Bibliothek in Flammen‹, [BiF], S. 185). Wie der Blitz schlägt die Poesie in die rationale Welt ein, verunsichert diese durch den Anspruch, Fremdes, durchaus Kontroverses darin durchsetzen zu wollen: *Bewohnen wir einen Blitz, so ist er das Herz der Ewigkeit* (›Auf das Wohl der Schlange‹, S. 45). Sie mutet uns zu, daß wir das Pulsieren der Ewigkeit unserer Wirklichkeit zurechnen sollen. *Ohne die Spaltkraft der Poesie – was ist da Wirklichkeit? –* so beginnt das Prosagedicht ›Prometheus und Steinbrech zugleich‹, dem Char die Huldigung vorangestellt hat: *An Hölderlins Harfenhand rührend* (›Die Bibliothek in Flammen‹, S. 231). Chars Dichtung vertritt die unbewußte, die vegetative und animalische Seite unserer Existenz, die sich sonst nur – entstellt – im Traumleben äußert. Allein auf dieser Nachtseite finden wir eine Verbindung zu den Kräften, die den Kosmos durchströmen und rings in der Natur wirksam sind: *Ich glaube, daß die Poesie, bevor sie für immer und durch einen einzelnen ihre Ausdehnung und ihren Einfluß erreicht, eine Vorexistenz führt als Verbindungsstrang, als schemenhafter Schimmer und als Fluidum in dem Wechselgespräch der Menschen, die in offenbarem Einvernehmen mit den Entwürfen wie mit den wahrhaft vollendeten großen Werken der Schöpfung leben. Die fast ununterbrochene Gefahr der Vernichtung, der sie ausgesetzt sind, ist ihr sicherster Schutz. In solcher Gesellschaft in die Lehre zu gehen, ist Privileg des Dichters* (Nachschrift zu ›Die Sonne der Wasser‹). Den Gedanken Hölderlins »Voll Verdienst, doch dichterisch wohnet der Mensch auf dieser Erde« (›In lieblicher Bläue...‹) führt Char weiter aus: *Du bist in deinem Wesen beständig Dichter, beständig im Zenit deiner Liebe, beständig dürstend nach Wahrheit und Recht. Daß du es nicht dauernd sein kannst in deinem Bewußtsein, ist gewiß ein notwendiges Übel* (›Auf das Wohl der Schlange‹, S. 43). Das unterscheidet den Menschen von der übrigen Kreatur, daß er sich allein des Geheimnisses bewußt werden kann, das alles Lebendige und Tote durchwaltet. Zu fassen aber bekommt es auch der Dichter nicht mit seinem Intellekt, sondern nur mit der Sinnlichkeit. Diese Sinneseindrücke in Worte umzusetzen, grenzt zuweilen ans Unsägliche, ans Absurde. Da läßt Char oft Texte als gültig stehen, die ihm selber noch uneinsichtig sind, die ihm aber eine Ahnung, auf die er sich verläßt, als stimmig, als authentisch suggeriert. An solchen Stellen mag man sich mit seinem Hinweis trösten: *Wenn man sich nicht mehr zurechtfindet, o du, die mich ansprach, dann ist man an Ort und Stelle. Vergiß es nicht.* (›Duftquellen, diese Jäger‹, s. S. 83) Es klingt zynisch, beruht aber auf Chars Überzeugung, daß Verwirrung imstande sei, unsere Instinkte wieder zu erwecken und unserem Leben die Richtung aufs Wesentliche zu weisen.

Für die Übersetzer trifft das nicht minder zu, doch wird ihnen damit eine wahre Sisyphosarbeit zugemutet. Immer wieder müssen sie unbefriedigende Kompromisse schließen. Doch letztlich hat Camus wohl recht mit der Behauptung, Sisyphos müsse ein glücklicher Mensch gewesen sein. Zweifellos Last, aber auch Glück, Gunst und Chance liegen für den Aufgeschlossenen im Umgang mit dem herrischen Wesen, das Poesie heißt. Das gilt sowohl für das Verfertigen wie für die Rezeption von Gedichten. Ein Diktat wird spürbar, dessen Urheber im Dunkeln bleibt. Doch dieses Geheimnis im Jenseits anzusiedeln, wäre nicht im Sinne Chars. Allerdings läßt er sich eine immanente Frömmigkeit, die mittelmeerischem Lebensgefühl und Denken entstammt, weder von den Christen noch den Atheisten nehmen: *Ihr Verbrechen: ein wütender Wille, uns die Götter verachten zu lehren, die in uns sind* (›Gefährten im Garten‹; BiF, S. 199 ff). Und er ruft ihnen zu: *Gehorcht euren Schweinen, die sind. Ich unterwerfe mich meinen Göttern, die nicht sind* (›Sich widersetzen‹; BiF, S. 249). Chars Ehrfurcht vor der Poesie ist keine Religion, eher ein gelebter Mythos nach antikem Vorbild, der sich aber, wie ich meine, zum modernen Rationalismus komplementär verhält, als lebensnotwendige Ergänzung, gerade wenn er gegen ihn revoltiert. Der Kampf zwischen diesen Extremen ist Rettung aus unserm Ersticken. »*Mein Gedicht ist mein Wunsch als Revolte. Mein Gedicht hat die Standfestigkeit des Verhängnisses, mein Gedicht ist mein künftiger Atem*« – das hat René Char einem Freunde als Widmung in den Band ›Le poème pulvérisé‹ geschrieben.

Poetologisch hat sich Char niemals festgelegt. Von klassischer Strenge bis zu barock-surrealer Fülle nutzt er jede formale Möglichkeit, wie das Sujet es verlangt.

Gute Dienste sind es, die Char der Gesellschaft mit seiner Dichtung leistet. Daß sie etwas von Dauer mitten in die Hektik unserer Existenz setzt, etwas, das den Menschen zu einer höheren Stufe leitet, entspricht dem Rang, den er der Poesie beimißt. Der Dichter selber ordnet sich unter: *Aufrecht in der Zeit wächst das Gedicht, Geheimnis, das inthronisiert. Abseits folgt der Dichter der Allee des gemeinsamen Weinbergs, er, der große Beginner, der intransitive Dichter, ein Irgendjemand im Leuchten seines Geäders, der Dichter, der das Unglück aus dem eigenen Abgrund hebt, mit der Frau an der Seite, die ihn fragt nach der seltenen Traube.* (›Unanfechtbarer Anteil‹, LIV; ZuG, S. 79)

REMISE — AUFSCHUB (S. 14/15)

›Remise‹ ein Versgedicht, das vorletzte im Zyklus ›Draußen die Nacht wird regiert‹ (›Dehors la nuit est gouvernée‹), entstand in den Monaten erzwungener Untätigkeit, als Char sich allmählich von einer lebensbedrohlichen Blutvergiftung erholte, Juli / August 1936, in Céreste, dem Bergdorf in den Niederalpen, das später in Chars Résistance-Periode eine besondere Rolle spielen wird.

Das Gedicht ist reimlos, das tragende Fragment des Versbaus ist der Rhythmus, ein vorwärtstreibender Rhythmus, wie er für den ganzen Zyklus charakteristisch ist (Char 1951 zu Johannes Hübner und mir: »Ich hatte damals nichts anderes im Sinn als en avant, en avant!«). ›Remise‹ nimmt insofern eine Sonderstellung ein, als es auf die exzessive Bilderfabrikation verzichtet, jene surrealistische Erbschaft, die den vorhergehenden Texten noch das Gepräge gibt. Das Gedicht deutet etwas an von künftigen Aufgaben vor eisigem Horizont; ein Indiz dafür, daß Char nun auch von der avantgardistischen Dichtung mehr Verantwortung fordert, mehr Ausstrahlung ins Politische (in Spanien hatte sich Franco an die Macht geputscht) und Einmischung im zwischenmenschlich-sozialen Bereich.

Das Gedicht ist zweiteilig. Der Titel bereits unterbindet jeden aktivistischen Eifer. Die Schlußstrophe besinnt sich auf innere Kräfte, die dem Voranstürmen entgegenwirken. Dieser Dualismus – hier noch unreflektiert, fast bloß Ahnung – wird drei bis vier Jahre später, wiederum in Céreste, im Zyklus ›Unanfechtbarer Anteil‹ (›Partage formel‹) zu einem zentralen Prinzip Charscher Poetologie und Ethik ausgebaut: *Der Dichter ist das Werden eines Wesens, das vorstößt, und eines Wesens, das innehält. Vom Liebenden borgt er die Leere, von der Geliebten das Licht. Dieses erklärte Paar, dieser Doppelposten, gibt ihm feierlich seine Stimme.* (XLV, siehe S. 27) Char ist fortan auf dem Quivive. Bezeichnend, daß das folgende Gedicht, ›Gültigkeit‹, (›Validité‹), das ›Dehors la nuit‹ abschließt, mit den Worten beginnt: *Untätigkeit, diese Pflicht, verläßt uns.*

PARTAGE FORMEL — UNANFECHTBARER ANTEIL (S. 18/19)

»Das Ganze geschrieben im Versteck zu Céreste 1941–42« – so steht es mit Bleistift notiert von Chars Hand auf der Titelseite von ›Partage formel‹ im Gedichtband ›Fureur et mystère‹, den er Hübner und mir 1951 in Paris dedizierte. Er hatte die Gedichte zu der Zeit geschrieben, da der Süden Frankreichs noch nicht von den Deutschen besetzt war (das geschah erst am 11. November 1942), doch von faschistischen Helfershelfern der Vichy-Administration kontrolliert wurde. Char knüpft seine Verbindungen zu den Widerstandszentren in Céreste, Avignon, L'Isle-sur-Sorgue, Aix-en-Provence. Er wird zum Chef der Section Durance-Sud der A. S. (armée secrète) ernannt. In seinem Geheimquartier in Céreste nutzt er die erzwungene Muße, einen seit längerem gehegten Plan zu verwirklichen: Voll Abscheu gegen die *Afterdichter von Paris*[1], die *Straßenkehrer der Poesie*[2], *Raupen-Enthaarer, Echo-Kesselflicker* und *müden Zierpuppen*[3], die es geschafft hätten, daß kein normaler Mensch das Wort »Dichter« noch in den Mund nimmt, formuliert er nun seinen höchst sublimen Begriff von Poesie und seine Vorstellung vom Dichter.

Für Char heißt Dichten niemals, dem Papier Gewußtes anzuvertrauen (X), sondern sich Ungewußtes, Unbewußtes diktieren zu lassen und das kritisch zu sichten (VII). So wird sagbar, was zuvor stumme Natur war; der Dichter ist zum Anwalt, zum Dolmetsch der Kreatur, ja des Kosmos geworden. Der Logik, dem Wissen, der konventionellen Moral gegenüber (deren er sich bei Bedarf wohl zu bedienen weiß!) betont er die Bedeutung des Instinkts, der Triebe, der Leidenschaften, des Traums – dieser *mächtigen launischen Götter* (XLI) – und findet dort seine *einseitige Stabilität* (XXVIII). Das alles bleibt frei von Ideologie, geschieht in Demut vor dem seit je bekannten Geheimnis (dem man heute nicht mehr recht traut), daß es Kräfte gibt, die Niederlage in Sieg verwandeln und umgekehrt (III), Kräfte, die der Liebe verschwistert sind und in deren Dienst sich der Dichter stellt (XLV). Nur so kann sich im Gedicht eine sehnsüchtige Liebe erfüllen und doch gleichzeitig fortbestehen (XXX). Der Dichter, allem offen und *intransitiv*, hat seinen Thron im Abseits (LIV), wo sich ihm im Kleinsten die Totalität offenbart (XLVIII), jene *totalité des choses*, die durch ihn hindurchgeht und im Gedicht sich manifestiert als unsere Chance, endlich unseren Ursprung und unsere Bestimmung zu erreichen (XXI).

Ersetzen wir das Wort Dichter durch Mensch, werden wir gewahr, daß ›Partage formel‹ schon den höher qualifizierten Menschen ins Auge faßt, von dem es fünf Jahre später heißen wird: *Dichtung, künftiges Leben im Innern des wieder gewerteten Menschen.* (›Auf das Wohl der Schlange‹, siehe S. 49) Hier gibt sich die Poesie als progressive Anthropologie zu erkennen.

PÉNOMBRE – HALBSCHATTEN (S. 34/35)
Dieses Gedicht trägt in der Pléiade-Ausgabe die Datierung: »Vézelay, 16. Mai 1948«. Im September gleichen Jahres erscheint bei Gallimard der Band ›Fureur et mystère‹ mit ›Pénombre‹ auf Seite 188. Char wird es später

---

1 ›Du hast gut getan fortzugehn, Arthur Rimbaud‹ (ZuG, 137)
2 ›Erste Mühle‹ (›Moulin premier‹), LVII
3 ›Erste Mühle‹ (›Moulin premier‹), XLVII

in unserem Exemplar mit der Notiz »Forêt de Vézelay« versehen. Allerdings warnt er uns zugleich, indem er vorn auf den Einband schreibt: *Lieux (très rélatif et peu important)* – Orte (sehr bedingt und kaum bedeutsam). In der Tat können wir die meisten Gedichte René Chars auch ohne nähere Ortskenntnis rezipieren.

›Halbschatten‹, zum Zyklus ›Ehrliche Gegner‹ gehörig, entstand an demselben Tag wie das kleine Gedicht ›Ein Vogel...‹ (›Un oiseau...‹; ZuG, S. 83), dessen erste Zeilen lauten: *Ein Vogel singt hoch auf dem Draht / Vom einfachen Leben, das die Erde streift. / Unsere Hölle freut sich daran.* Unser Gedicht variiert dieses Thema ausführlicher: staatliche Inquisition, abgeschüttelte Sklavendienste, Zwang zu strafen – all das hat keine Chance in diesem Wald, der zu einem Eden der Poesie avanciert. In dieser Gegenwelt enthüllt sich dem Dichter das Geheimnis der Dinge, die ihn als ebenbürtig in ihren Kreis aufnehmen. Hier ist er dem Wesentlichen nah. Hat er den Wald verlassen – und dieses *notwendige Übel* (›Auf das Wohl der Schlange‹, X) bleibt ihm nicht erspart –, wird ihn, den Freund der Nacht und der Sterne, unvermeidlich die Sonne attackieren und versuchen, ihn das Geheimnis vergessen zu machen. Das aber, diesen komplementären Schatz, weiß er für uns zu bewahren. Zwar kennt er sich aus im Licht der Vernunft, aber als *der Mann einseitiger Stabilität* (›Unanfechtbarer Anteil‹, XXVIII) hat er reiche Erfahrungen mit dem schöpferischen Chaos, der Sinnlichkeit und den Träumen gesammelt, was ihn befähigt, einige Fragmente dieser unanschaulichen Sphäre ans Licht zu heben, dabei ihre Heilkraft bezeugend für eine Welt in Agonie.

ARGUMENT – ARGUMENT (S. 36/37)

Char hat das ›Argument‹ als Einführung dem Zyklus ›Le poème pulvérisé‹ vorangestellt, der größtenteils im Laufe des Jahres 1946 verfaßt wurde und im Mai 1947 erscheint. Auf die Frage, was der Titel bedeute, hat Char selbst geantwortet: *Warum Pulverisiertes Gedicht? Weil am Ziel seiner Heimfahrt, nach vorgeburtlichem Dunkel und irdischer Härte, der Endzustand des Gedichtes Licht ist, Zustrom des Seins in das Leben* (›Die Bibliothek in Flammen‹, siehe S. 63).

Char spricht hier in Wendungen der Vorsokratiker. Wie diese vermittelt er uns naturwissenschaftliches Denken in poetischen Bildern. Das Gedicht als *Zustrom des Seins* (bei Hölderlin »das Reinentsprungene«) hat seinen Anteil am Ursprung des Alls, der nach Parmenides und Heraklit wie nach Auffassung unserer heutigen Kosmologen aus Licht und Feuer bestand. Den Neutrinos gleich, durchdringt das zu Licht zerstäubte Gedicht alles, es ist Geist und Stoff zugleich, und wir finden es als »Emotionsmaterie« in allen Dingen eingelagert. Es gibt uns den Blick in einen unendlichen Raum frei: *Wie meine Freiheit, meine Verwunderung künden – endlich, nach tausend Umwegen: unter uns ist kein Grund, über uns keine Decke* (›Die Bibliothek in Flammen‹, siehe S. 65).

Es klingt wie Mystik und ist doch Aufklärung: die Poesie als eine Sonde, die das Unbekannte auf Formulierbarkeit abtastet, übernimmt in unserer Gesellschaft eine prometheische Funktion, erhellt das vorbewußte Dunkel, bringt Licht in die Nachtseite unserer Existenz.

J'HABITE UNE DOULEUR – ICH WOHNE IN EINEM SCHMERZ (S. 36/37)
Ursprünglich gab Char diesem Gedicht den Titel ›Le poème pulvérisé‹, den später der ganze Zyklus erhält. Der neue Titel ist deutlicher: das *Ich* betont, daß es sich um einen Monolog handelt; der Dichter spricht zu sich selbst, holt sich aus einer Melancholie zurück, mahnt sich zu Geduld, kritisiert einen Idealismus, der alles erreichen will, der auf die Möglichkeit hofft, das Vollkommene im Leben oder in der Natur verwirklicht zu sehen. Mit der Anmerkung »Mont Ventoux« versah René Char die beiden Sätze: *Aber du hast dem Löwen die Augen ausgestochen. Du glaubst, die Schönheit vorbeigehn zu sehen über schwarzem Lavendel...* Der hier geblendet wurde, ist der »Löwe der Ernte«, einer poetischen Ernte, auf die Char es immer abgesehen hat und mehrfach anspielt.

Der Schlußsatz ist die Konsequenz einer Moral, die alle Moral in Frage stellt: Es gibt keinen Thron, keinen Richterstuhl, keinen Chefsessel, keinen Amtssitz und auch keinen Platz für den Dichter, der rein ist.

À UNE SÉRÉNITÉ CRISPÉE – EINER HARSCHEN HEITERKEIT (S. 54/55)/
POST-MERCI – NACHDANK (S. 56)
Die Sammlung kurzer Prosagedichte, in der Char seine Kritik am zeitgenössischen Menschen und an der Nachkriegsgesellschaft zusammenfaßte, erschien bei Gallimard im April 1951 unter dem Titel ›À une sérénité crispée‹. Die deutsche Fassung von Paul Celan legte der S. Fischer Verlag im Band ›Dichtungen I‹ von 1959 vor; sie trug den Titel ›Einer harschen Gelassenheit‹. Die hier getroffene Auswahl folgt einer Übersetzung von Johannes Hübner und Lothar Klünner.

In einem Vorwort, das Char erst 1963 dem Zyklus vorangestellt hat, verweist er auf *ein wucherndes Übel, gleich dem Nazismus, das sich mit Mauern umgibt und uns zu quälen, uns zu zerstören sucht.* Den Dichter bewegt die Frage, wie man dem Gesicht des Menschen die junge Röte zurückgeben könnte, die bis 1948 auf ihm noch zu erkennen war. Char ist skeptisch: mehr kann der Mensch kaum tun, als sich eine *santé du malheur*, eine *Gesundheit des Unglücks*, zu schaffen; mehr kann er sich nicht aneignen als eine *sérénité crispée*, eine *Heiterkeit, die gerunzelt* (oder *ge-*

furcht) ist, d. h. sich mit sorgenvoller, harscher Miene zeigt. Char beschließt sein Vorwort mit den Sätzen: *Einer harschen Heiterkeit? Für eine wiedererschienene Röte. Nicht auf jedem beliebigen Gesicht.* (Pl, S. 749)

À *** – AN *** (S. 56/57)

»Wenn Sie noch ein Versgedicht dazunehmen wollen, übersetzen Sie doch ›À ***‹«, riet René Char, als ich seinen Gedichtband ›Vertrauen zum Wind‹ vorbereitete, der dann 1984 bei Heiderhoff erschien. Ich tat es damals nicht, wählte zwei andere aus, da ›À ***‹ bereits zweimal in Deutsch veröffentlicht war, 1959 in ›Dichtungen I‹ bei S. Fischer in der Übertragung von Paul Celan und 1968, übersetzt von Johannes Hübner und Lothar Klünner, in Pierre Guerres Char-Monographie bei Luchterhand. Beide Fassungen befriedigen mich heute nicht mehr, so daß ich die Neuübersetzung jetzt nachhole.

Zweifellos hat Celan beherzigt, was Char von seinen Übersetzungen verlangte: keine pedantische Verdeutschung, sondern ein gutes deutsches Gedicht zu liefern; es sind ihm dabei herrliche Verse gelungen. Allerdings blieb die Stringenz auf der Strecke, die Char eigene herrische, straffe Diktion. An unserer Version von 1968 schien mir einiges nicht präzise genug, auch mißfiel mir die Übersetzung des Wortes *chance*, das dreimal vorkommt, mit *Gunst* (auch Celan schreibt zuerst *Gunst*, an der zweiten Stelle *Gunst und Glück*, zuletzt nur noch *Glück*). Ich habe mich nun, trotz leiser Skrupel, entschlossen, das Fremdwort *Chance* stehenzulassen; *Glück* führte auf Abwege, ins Idyll; *Gunst* bleibt undeutlich, prägt sich den Sinnen nicht ein.

Bei diesem 1950 verfaßten Versgedicht ist die Widmung zugleich der Titel. Der Frage, welche geliebte Person sich konkret hinter den drei Sternchen verbirgt, gehe ich bewußt nicht nach; zu offensichtlich bezieht sich hier alles auf die Poesie. Wenn es stimmt, was Albert Camus gesagt hat, daß im Grunde jedes Gedicht Chars ein Liebesgedicht sei, dann dürfen wir mit noch mehr Recht behaupten, jedes seiner Liebesgedichte besinge die Herrin, die Poesie heißt. In diesem Zusammenhang wäre das spröde Wort *Gunst* durchaus am Platz; dem Dichter ist an der Gunst seiner Herrin gelegen. Doch sein Harren gilt der Chance, nicht bloß empfangen, sondern auch geben zu können, und alles Erlebte, Erlittene in einen Höhenflug zu verwandeln, der ins Kosmische mündet. Die letzte Verszeile nimmt vorweg, was fünfundzwanzig Jahre später formuliert wird, in ›Faire du chemin avec...‹: *Die Morgendlichen würden leben, selbst wenn es den Abend, wenn es den Morgen nicht mehr gäbe.*

LE BOIS DE L'EPTE – DER EPTEWALD (S. 58/59)
Unter der ersten Fassung dieses Versgedichts steht als Datierung: *Saint-Clair-sur-Epte, le 7 septembre 1953*. Char nimmt es in den Band ›Poèmes des deux années‹ (›Gedichte zweier Jahre‹) auf, der im Februar 1955 erscheint.

Die Epte, ein kurzes Flüßchen, fließt in die Seine und bildet die Grenze zwischen der Normandie und der Ile-de-France. Vom Walde spricht das Gedicht kaum; er taucht nur eben vor dem Dichter auf. Der betritt ihn nicht, geht nur »so für sich hin«, willenlos, und läßt sich ins Leben und Weben der Natur – des Baches, der Rosen, der Wiesen, der Tiere – hineinziehen: solidarisch mit dem Willen und allen Wünschen, die das Antlitz des Himmels und die Liebesworte der Erde andeuten, wird er zum Werkzeug der bewußtlosen Dinge, zum Mund des Alls.

POURQUOI LA JOURNÉE VOLE – WARUM DER TAG DAHINFLIEGT (S. 60/61)
Der Zyklus ›Poèmes des deux années‹ (›Gedichte zweier Jahre‹) enthält ein Schlußgedicht, das sich gleichermaßen an die Leser wie an die Verfertiger von Poesie wendet. Hier erweist sich René Char wiederum als der »poeta poetarum« unserer Epoche. Anknüpfend an das in ›Partage formel‹ Formulierte, macht er bewußt, daß die Liebe zu den Menschen, Dingen, Orten, die den Dichter beeindrucken, bloß Antrieb, Impuls, nicht aber die eigentliche Botschaft sei, die er vermittelt; diese stammt aus dem *Land nebenan*, das der moderne Mensch ersehnt und zugleich verächtlich macht, und sie steht in Widerspruch zu den sonst üblichen Informationen, ist auch nur zwischen den Zeilen zu lesen. Wie der Dichter muß auch der Leser bei der Rezeption eines Gedichts in beiden Territorien zu Hause sein. Da, in den Grenzgängen, im Überschreiten der selbstverschuldeten Schranken, wird noch eine Chance für uns und unseren Planeten erkennbar. Was aus dem Ofen kommt, ist dann das *geheilte Brot*, und Camus hat vor allem darin Chars große Leistung gesehen. Solche Dienste sind umstritten in unserer Gesellschaft, und so hat Char es um der Unabhängigkeit willen immer abgelehnt, irgendeinen Literaturpreis in Empfang zu nehmen.

L'ÂGE CASSANT – DAS ZERMÜRBENDE ALTER (S. 76/77)
Auswahl, 10 Texte: 1, 6, 10, 14, 15, 21, 29, 39, 41, 42.

›L'Âge cassant‹, geschrieben 1963–1965, ist im Sommer 1965 bei José Corti erschienen, wurde 1971 in den Sammelband ›Recherche de la base et du sommet‹ aufgenommen und deutsch in der Übersetzung von Johannes Hübner und Lothar Klünner zuerst 1971 im Jahrbuch für Dichtung SPEICHEN unter dem Titel ›Das spröde Alter‹ und 1984 im Gedichtband ›Vertrauen zum Wind‹ bei Heiderhoff publiziert. *L'Âge cassant* heißt wörtlich das »brechende Alter«; eine Zeile, die Char später getilgt hat, erläutert das: *...brechend wie ein Zweig, schwer von Früchten und Leid.* In diesen kurzen Prosagedichten kreist Chars Meditation vorwiegend um Leiden und Tod.

AROMATES CHASSEURS – DUFTQUELLEN, DIESE JÄGER (S. 82/83)
Der Zyklus ›Aromates chasseurs‹, Dezember 1975 bei Gallimard erschienen, wurde in der deutschen Fassung von Johannes Hübner und Lothar Klünner zuerst in der Wiener Zeitschrift ›protokolle‹ 1976 publiziert und 1984 in den Sammelband ›Vertrauen zum Wind‹ aufgenommen.

Die Übersetzer hatten mit einigen Passagen Schwierigkeiten. Ihre Fragenliste hat Char präzise und bündig beantwortet und dazu angemerkt: *Es ist klar, es gibt da gar nichts zu reden, hat doch die Poesie keine doppelte Haut, keine doppelten Organe... aber ein dreifaches Leben. Sie wissen das. Trotzdem hat sie bloß einen Blick, der sehend ist, der sein Schleppnetz über den Geist schleudert. Nehmen Sie es ganz direkt.*

Ein Wort wie *aromates* im Deutschen ganz direkt zu nehmen, ist nicht ganz einfach: Duftträger, Ausbund von Saft und Würze des Lebens – das sind einmal die Kräuter der Provence, die ihr betäubendes Parfum verströmen und den Bienen Nahrung geben, das ist auch der flammende Rest in uns, der nach Liebe und Leben sich sehnt, und es sind die Rätsel, die vor allem die Nacht uns aufgibt, wenn sie unseren Blick ins Unendliche lenkt. Diese alle sind zugleich *Jäger, chasseurs,* die – wie Orion – die Horizonte wechseln, die Grenzen überschreiten und den Dichter zu einer Sprache inspirieren, die aus dem *dritten Raum* zu kommen scheint. Hat doch Char in einem Vorspruch zu diesem Zyklus drei Räume definiert: *der erste, der Innenraum, darin unsere Phantasie und unsere Gefühle spielen; der zweite, der Kreisraum, der der konkreten Welt. (...) Gibt es einen dritten Raum, der außerhalb der Bahn der beiden bekannten dahinzieht? Wiederkehr des Orion, der zwischen uns auferstanden ist.*

RÉCEPTION D'ORION – EMPFANG DES ORION (S. 84/85)
Die Erstfassung des Versgedichts ›Réception d'Orion‹ ist vom 30. Juli 1972 datiert. Als Titel heiße es da nur: ›Empfang‹; und es gab zwei Zeilen anstelle der dritten Verszeile, so daß das Gedicht ursprünglich mit den Worten begann: *Wen sucht ihr braunen Bienen / Im Lavendel, wenn er erwacht? / Kommt näher und habt keine Angst / Ich bin euer dienstbarer König.*

Char hat diesen persönlichen Bezug getilgt. Der jetzt den Orion empfängt, ist der Dichter schlechthin. Wie Orion ist auch er Jäger und zugleich der Gejagte. Sein Pfeil ist die Sehnsucht, das Verlangen, die Leidenschaft, die Liebe: *Das Gedicht ist die verwirklichte Liebe der Sehnsucht, die Sehnsucht blieb* (›Unanfechtbarer Anteil‹, XXX, siehe S. 21).

COMME LE FEU SES ÉTINCELLES –
WIE DAS FEUER SEINE FUNKEN (S. 88/89)
Ein zweiteiliges Prosagedicht, zur Hälfte in einer Art Telegrammstil verfaßt, als sei es eine Meldung aus dem »*Land nebenan*«. Das ist auch zweifellos der Fall, obschon der *Ort, der sich ändert und sich nicht verschleißt*, ganz von dieser Welt ist, Céreste heißt und sich zur Résistancezeit mit seinem *Entsetzen* und seiner *Freude* tief in Chars Gedächtnis eingegraben hat.

Die paradoxe Vermischung von »nebenan« und »hier«, sie hat sich unzählige Male bewährt; der Mensch, sofern er – wie es bei Hölderlin heißt – »dichterisch wohnt«, kann sich in den Stürmen des Lebens auf sie verlassen.

SANS CHERCHER À SAVOIR – OHNE WISSEN ZU WOLLEN (S. 88/89)
Das Gedicht ist Johannes Hübner, dem Dichter und Übersetzer, gewidmet, der am 11. März 1977 nach heftigem Todeskampf in einer Berliner Klinik starb. Char verfolgt mit banger Anteilnahme die Verschlimmerung der rätselhaften Lungenkrankheit unseres Freundes, über die ich ihm täglich Mitteilung machen muß. Er schickt ›Sans chercher à savoir‹ handschriftlich nach Berlin und fügt hinzu:

Les Busclats 3. Februar 1977
Lieber Johannes,
ich habe heute morgen gewußt, daß dieses Gedicht, das aus der Nacht hatte aufsteigen wollen und zu ihr hingegangen war, uns gehört, Ihnen, mir, uns beiden. Wir öffneten das Fenster und sahen ins Weite, dann sagten wir noch einmal Ja zu dem Vogel, der seinen Schnabel in die Quelle sticht, und zu dem Weg, der sie verschlingt, wo er um sie herumführt.
Ich umarme Sie. *René Char*

FAIRE DU CHEMIN AVEC... – WEGE MACHEN MIT... (S. 90/91)
Auswahl: Texte 2, 3, 13, 14, 23.

Die Gedichtreihe ›Faire du chemin avec...‹ entstand in L'Isle-sur-Sorgue zwischen 1972 und 1975 und ist im Januar 1976 in Paris publiziert worden. Die deutsche Übersetzung von Lothar Klünner erschien erstmalig in der Neuen Rundschau, H. 3, 1979, später im Sammelband ›Vertrauen zum Wind‹ bei Heiderhoff, Waldbrunn 1984.

Der Dichter macht seine Wege mit Gefährten, die ihn bedrängen, die ihn warnen, von denen er lernt. Ob es sich um Tiere handelt oder Naturphänomene, um schöpferische Menschen oder durch Ideologien verstümmelte, sie sind in diese knappen Prosagedichte als kritische Zeitzeugen eingegangen. Vergleichbar mit dem Zyklus ›Einer harschen Heiterkeit‹ von 1951, geht Char hier mit einer Verschleiß- und Lachgesellschaft ins Gericht, will den einzelnen jedoch nicht entmutigen. Im Rundfunk hat er einmal gesagt: *Glauben Sie doch nicht, ich wolle über meine Zeit den Stab brechen. Nicht ohne Verantwortlichkeit und Skrupel beobachte ich, wie sie ihrem Schicksal verfällt, in dem wahrlich nicht die Großzügigkeit regiert, wahrlich nicht das Böse in harmlosen Grenzen bleibt. Aber ich weiß, daß mein Nächster, inmitten unzähliger Widersprüche, herzbewegende Kräfte besitzt. Man darf ihn nur nicht zwingen, bevor er sie anwendet, über sie zu erröten.*

BESTIAIRE DANS MON TRÈFLE –
BESTIARIUM MEINES KLEES (S. 98/99)
Hier handelt es sich um das zentrale Gedicht im Zyklus ›Éloge d'une Soupçonnée‹. Der handschriftliche Entwurf trägt das Datum vom 25. September 1985 und die Widmung: *Für Marie-Claude, die nachsichtige, verehrungswürdige.*

René Char starb am 19. Februar 1988; er hatte im Dezember 1987 das Manuskript seiner dreizehn letzten Gedichte dem Verlag für den Druck eingereicht. Der Band ist im Mai 1988 bei Gallimard, Paris, erschienen; die deutsche Übertragung von Lothar Klünner kam 1989 bei Suhrkamp, Frankfurt am Main, heraus. Die drei hier abgedruckten Texte wurden neu durchgesehen und an einigen Stellen geändert: eine Übersetzung wird niemals fertig.

Die Dichtung hat sich inmitten der Welt der Logik und Kalküle verdächtig gemacht. Solidarisch mit den Tieren, den Pflanzen, mit der Nacht, gilt sie als widersetzlich, aufrührerisch. Das ist ihr Ruhm.

RARE LE CHANT... – RAR SCHÖNES LIED... (S. 104/105)
Im Deutschen ein seltsamer Titel. Er versucht, das Wortspiel nachzugestalten, das der französische Titel enthält. Stellt man die Konsonanten nach Art des Schüttelreimes um, ergibt sich im Französischen »Char le rang«, also: Char hat den Rang des traurigen Dompfaffs; im Deutschen: »Char Renés Lied« (... ist das *Lied des traurigen Dompfaffs*). In diesem Gedicht hat jedes poetische Bild zwei einander widersprechende Aspekte. Der Dichter, schwankend zwischen Melancholie und dem Glücksgefühl seiner Liebe zu Marie-Claude (er hat sie 1987 geheiratet), singt sich diese Vogelweise im Zwielicht des Abends.

ANHANG

EDITORISCHE NOTIZ

Die hier vorgestellten Gedichte René Chars aus allen Jahrzehnten seines Schaffens wurden von den vier Kommentatoren ausgewählt. Die chronologische Anordnung der Gedichte folgt dem Erscheinungsjahr der Gedichtsammlung, in der sie zuerst erschienen sind. Die ausgewählten Texte sollen einen repräsentativen Querschnitt durch René Chars Werk darstellen, wenn auch »Vorlieben« beim Auswählen mitgespielt haben.

Die Kommentare (nicht »Interpretationen«!) wollen Verstehenshilfen geben, die der Leser allerdings auch jederzeit unbeachtet lassen kann. Die Kommentatoren nähern sich dem Werk René Chars von verschiedenen Seiten her, von unterschiedlichen Erfahrungen aus, die sie im Gespräch mit dem Dichter und im Umgang mit seinem Werk über viele Jahre hin gemacht haben. Jeder stellt *seine* Sicht des Werks in einer Einleitung zu seinem Kommentarteil zunächst dar, wobei aus arbeitsteiligen Gründen jeder nur einen Teilbereich seiner Gesamtsicht liefert. Dabei können Überschneidungen und Widersprüche entstehen, die aber für den Leser anregend und fruchtbar werden können.

Einige Gedichte sind für diese Ausgabe zum ersten Mal oder erneut und korrigiert (Lothar Klünner) übersetzt worden. Einige sehr lange Fragmente-Gedichte wurden auszugsweise abgedruckt und mit einem Sternchen hinter dem Titel* gekennzeichnet.

Die deutschen Übertragungen von verschiedenen Übersetzern aus verschiedenen Zeiten sind für Korrekturen des mit dem Originaltext vergleichenden Lesers offen. Ein Gedicht René Chars ist nie »fertig« übersetzt und nie zu Ende »interpretiert«.

Der Leser möge sich nie entmutigen lassen: René Char und alle Kenner seines Werks sind sich einig: Man muß nicht jedes Gedicht und jede Stelle eines Gedichts beim ersten (oder wiederholten) Lesen ganz verstehen. Der Reiz – und die allerdings geforderte Arbeit – liegen im Wiederlesen und in einem möglichen neuen Verstehen.

Horst Wernicke

Quellenverzeichnis

Alle Texte René Chars in diesem Band sind den folgenden drei Originalausgaben entnommen:

René Char, Œuvres Complètes, Bibliothèque de la Pléiade, Band 308, © Editions Gallimard, Paris 1983 (Pl)

René Char, Les Voisinages de Van Gogh, © Editions Gallimard, Paris 1985 (VG)

René Char, Éloge d'une Soupçonnée, © Editions Gallimard, Paris 1988 (ES)

Die deutschen Übersetzungen – mit Ausnahme der Neuübersetzungen und der hier erstmals übersetzten Texte – wurden folgenden Ausgaben entnommen:

René Char, Dichtungen/Poésies I, © S. Fischer Verlag GmbH, Frankfurt am Main 1959 (D I)

René Char, Dichtungen/Poésies II, © S. Fischer Verlag GmbH, Frankfurt am Main 1968 (D II)

René Char, Vertrauen zum Wind, © Verlag Heiderhoff, Waldbrunn 1984 (VzW)

René Char, Lob einer Verdächtigen, © Suhrkamp Verlag, Frankfurt am Main 1988 (Bibliothek Suhrkamp 1023) (BS)

Die Texte der vergriffenen S. Fischer-Ausgabe, Dichtungen/Poésies I, II, sind in der dreibändigen Taschenbuchausgabe enthalten:

René Char, Hypnos. Aufzeichnungen aus dem Maquis (1943–1944)/Feuillets d'Hypnos, © Fischer Taschenbuch Verlag GmbH, Frankfurt am Main 1990 (Hypnos)

René Char, Zorn und Geheimnis / Fureur et mystère, © Fischer Taschenbuch Verlag GmbH, Frankfurt am Main 1991 (ZuG)

René Char, Die Bibliothek in Flammen / La bibliothèque est en feu, © Fischer Taschenbuch Verlag GmbH, Frankfurt am Main 1992 (BiF)

Die Gedichte in chronologischer Reihenfolge – wie im Inhaltsverzeichnis
(Quellenangaben entsprechend den o. a. Abkürzungen)

S. 12 *Commune présence* – aus: ›Moulin premier‹ (geschrieben 1936, veröffentlicht?), in: Pl, S. 80.
Gemeinsame Gegenwart – Ü.: Johannes Hübner und Lothar Klünner 1961. Erstveröffentlichung.

S. 14 *Remise* – aus: ›Dehors la nuit est gouvernée‹, Paris 1938, in: Pl, S. 122.
Aufschub – Ü.: Johannes Hübner und Lothar Klünner, in: D I, S. 44 ff.

S. 14 *L'absent* – aus: ›Seuls demeurent‹, Paris 1945, in: Pl, S. 140.
Der Abwesende – Ü.: Johannes Hübner und Lothar Klünner, in: D I; ZuG, S. 29 f.

S. 16 *1939 – Par la bouche de l'engoulevent* – aus: ›Seuls demeurent‹, Paris 1945, in: Pl, S. 143.
1939 – Aus dem Munde der Nachtschwalbe – Ü.: Johannes Hübner und Lothar Klünner, in: D I; ZuG, S. 35.

S. 16 *Évadné* – aus: ›Seuls demeurent‹, Paris 1945, in: Pl, S. 153.
Euadne – Ü.: Johannes Hübner und Lothar Klünner, in: D I; ZuG, S. 55.

S. 18 *Louis Curel de la Sorgue* – aus: ›Seuls demeurent‹, Paris 1945, in: Pl, S. 141.
Louis Curel von der Sorgue – Ü.: Johannes Hübner und Lothar Klünner, in: D I; ZuG, S. 33.

S. 18 *Partage formel* – Auswahl (12 Texte: II, VII, X, XXI, XXVII, XXX, XLI, XLV, XLVI, XLVIII, XLIX, LIV), in: Pl, S. 155 ff.
Unanfechtbarer Anteil – Ü.: Johannes Hübner und Lothar Klünner, in: D I, ZuG, S. 59 ff.

S. 24 *Feuillets d'Hypnos (1943–1944)* – Auswahl (20 der insgesamt 237 Fragmente), Erstausgabe: Paris 1946, in: Pl, S. 171–233.
Hypnos. Aufzeichnungen aus dem Maquis (1943–1944) – Ü.: Paul Celan. Erstdruck in: ›Die Neue Rundschau‹ 1958; D I; Hypnos.

S. 34 *Le Thor* – aus: ›Les loyaux adversaires‹, in: ›Fureur et mystère‹, Paris 1948; Pl, S. 239.
Le Thor – Ü.: Johannes Hübner und Lothar Klünner, in: D I; ZuG, S. 85 f.

S. 34 *Pénombre* – aus ›Les loyaux adversaires‹, a. a. O.; Pl, S. 240.
Halbschatten – Ü.: Johannes Hübner und Lothar Klünner, in: D I; ZuG, S. 87.

S. 36 *Argument* – aus: ›Le poème pulvérisé‹, in: ›Fureur et mystère‹, Paris 1948; Pl, S. 247.
Argument – Ü.: Johannes Hübner und Lothar Klünner, in: D I; ZuG, S. 95.

S. 36 *J'habite une douleur* – aus: ›Le poème pulvérisé‹, a. a. O.; Pl, S. 253.
Ich wohne in einem Schmerz – Ü.: Johannes Hübner und Lothar Klünner, in D I; ZuG, S. 103 f.

S. 38 *Affres, détonation, silence* – aus: ›Le poème pulvérisé‹, a. a. O.; Pl, S. 257.
Angst, Detonation, Stille – Ü.: Johannes Hübner und Lothar Klünner, in: D I; ZuG, S. 109.

S. 38 *Jacquemard et Julia* – aus: ›Le poème pulvérisé‹, a. a. O., in: Pl, S. 257.
Jacquemard und Julia – Ü.: Johannes Hübner und Lothar Klünner, in: D I; ZuG, S. 111.

S. 40 *Le bulletin des Baux* – aus: ›Le poème pulvérisé‹, a. a. O., in: Pl, S. 258.
Der Bericht von Les Baux – Ü.: Johannes Hübner und Lothar Klünner, in: D I; ZuG, S. 111 f.

S. 42 *Le requin et la mouette* – aus: ›Le poème pulvérisé‹, a. a. O., in. Pl, S. 259 ff.
Der Hai und die Möwe – Ü.: Johannes Hübner und Lothar Klünner, in: D I; ZuG, S. 113 f.

S. 42 *À la santé du serpent* – Auswahl aus: ›Le poème pulvérisé‹, a. a. O., in: Pl, S. 262.
Auf das Wohl der Schlange – Ü.: Johannes Hübner und Lothar Klünner, in: D I; ZuG, S. 119 ff.

S. 46 *La Sorgue* – aus: ›La fontaine narrative‹, in: ›Fureur et mystère‹, Paris 1948; Pl, S. 274.
Die Sorgue – Ü.: Johannes Hübner und Lothar Klünner, in: D I; ZuG, S. 135 f. (in der Mitte um vier Zeilen gekürzt)

S. 48 *Le martinet* – aus: ›La fontaine narrative‹, a. a. O., in: Pl, S. 276.
Der Turmsegler – Ü.: Johannes Hübner und Lothar Klünner, in: D I; ZuG, S. 139 f.

S. 48 *À une ferveur belliqueuse* – aus: ›La fontaine narrative‹, a. a. O., in: Pl, S. 277.
Einer streitbaren Inbrunst – Ü.: Lothar Klünner; Neuübersetzung.

S. 50 *L'adolescent souffleté* – aus:
›Les matinaux‹, Paris 1950; Pl, S. 313 f.

S. 52
Der Geprügelte – Ü.: Johannes Hübner und Lothar Klünner, in: D II; BiF, S. 61.

S. 52 *Pleinement* – aus: ›Les matinaux‹, a. a. O., Pl, S. 324.
Voll und ganz – Ü.: Gerd Henninger, Johannes Hübner und Lothar Klünner, in: D II; BiF, S. 75.

S. 54 *À une sérénité crispée* – (Auswahl), in: Pl, S. 751 ff.
Einer harschen Heiterkeit – Ü.: Johannes Hübner und Lothar Klünner; Erstveröffentlichung (Übersetzung von Paul Celan in: D I; BiF, S. 93 ff.).

S. 56 *Post-merci* – (Auswahl) aus: ›À une sérénité crispée‹, in Pl, S. 759 ff.
Nachdank – Ü.: Johannes Hübner und Lothar Klünner; Erstveröffentlichung (Übersetzung von Paul Celan in: D I; BiF, S. 117/119).

S. 56 *À **** – a. a. O., in Pl, S. 762.
An *** – Ü.: Johannes Hübner und Lothar Klünner; Erstveröffentlichung (Übersetzung von Paul Celan in D I; BiF, S. 119/121).

S. 58 *Le bois de l'Epte* – aus: ›La Parole en archipel‹, Paris 1962, in: Pl, S. 371.
Der Eptewald – Ü.: Lothar Klünner; Neuübersetzung.

S. 60 *Pourquoi la journée vole* – a. a. O., in: Pl, S. 374.
Warum der Tag dahinfliegt – Ü.: Johannes Hübner und Lothar Klünner, in: D II; BiF, S. 185 f.

S. 60 *Déclarer son nom* – a. a. O., in: Pl, S. 401.
Seinen Namen nennen – Ü.: Johannes Hübner und Lothar Klünner, in: D II; BiF, S. 233.

S. 62 *La bibliothèque est en feu* – (Auswahl), Erstausgabe: Paris 1956; in: Pl, S. 378 ff.
Die Bibliothek in Flammen – Ü.: Johannes Hübner und Lothar Klünner, in: D II; BiF, S. 191 ff.

S. 64 *L'Allégresse* – aus: ›Quitter‹, in: ›La parole en archipel‹, Paris 1962; Pl, S. 415.
Die helle Freude – Ü.: Johannes Hübner und Lothar Klünner, in D II; BiF, S. 253 f.

S. 66 *L'Éternité à Lourmarin* – aus: ›Quitter‹, a. a. O.; Pl, S. 412.
Die Ewigkeit zu Lourmarin – Ü.: Johannes Hübner und Lothar Klünner, D II; BiF, S. 247 f.

S. 70 *Sept parcelles de Luberon I* – aus: ›Retour amont‹, in: ›Le nu perdu‹, Paris 1971; Pl, S. 421 f.
Sieben Fragmente aus dem Luberon I – Ü.: Jean Voellmy; Erstveröffentlichung.

S. 72 *Tracé sur le gouffre* – aus: ›Retour amont‹, a. a. O.; Pl, S. 423.
Auf den Abgrund gezeichnet – Ü.: Jean Voellmy; Erstveröffentlichung.

S. 72 *Chérir Thouzon* – aus: ›Retour amont‹, a. a. O.; Pl, S. 424.
Geliebtes Thouzon – Ü.: Jean Voellmy; Erstveröffentlichung.

S. 74 *Devancier* – aus: ›Retour amont‹, a. a. O.; Pl, S. 426.
Vorgänger – Ü.: Jean Voellmy; Erstveröffentlichung.

S. 74 *Le nu perdu* – aus ›Retour amont‹, a. a. O., Pl, S. 426.
Der verlorene Nackte – Ü.: Jean Voellmy; Erstveröffentlichung.

S. 74 *Le banc d'ocre* – aus: ›Retour amont‹, a. a. O.; Pl, S. 435.
Die Ockerbank – Ü.: Jean Voellmy; Erstveröffentlichung.

S. 76 *L'âge cassant* – Auswahl (10 Texte: 1, 6, 10, 14, 15, 21, 29, 39, 41, 42) – aus: ›Recherche de la base et du sommet‹, in: Pl, S. 763 ff.
Das zermürbende Alter – Ü.: Lothar Klünner, in: VzW, S. 6 ff.

S. 78 *Aisé à porter* – a. a. O.; Pl, S. 725.
Leicht zu tragen – Ü.: Curd Ochwadt; Erstveröffentlichung.

S. 78 *À faulx contente* – a. a. O.; Pl, S. 783.
Der zufriedenen Sense – Ü.: Curd Ochwadt; Erstveröffentlichung.

S. 80 *Chacun appelle* – aus: ›La nuit talismanique‹, Genf 1972; Pl, S. 499.
Jeder ruft – Ü.: Jean Voellmy; Erstveröffentlichung.

S. 82 *Aromates chasseurs* – aus: ›Aromates chasseurs‹, Paris 1975; Pl, S. 512 f.
Duftquellen, diese Jäger – Ü.: Lothar Klünner, in: VzW, S. 23 ff.

S. 84 *Réception d'Orion* – aus: ›Aromates chasseurs‹, a. a. O.; Pl, S. 521.
Empfang des Orion – Ü.: Lothar Klünner, in: VzW, S. 48 f.

S. 86 *Éloquence d'Orion* – aus ›Aromates chasseurs‹, a. a. O.; Pl, S. 528.
Beredter Orion – Ü.: Jean Voellmy; Erstveröffentlichung.

S. 86 *Verrine* – aus: ›Chants de la Balandrane‹, Paris 1976; Pl, S. 535.
Das Licht des Steuerhauses – Ü.: Jean Voellmy; Erstveröffentlichung.

S. 88 *Comme le feu ses étincelles* – aus: ›Chant de la Balandrane‹, a. a. O.; Pl, S. 562.
Wie das Feuer seine Funken – Ü.: Lothar Klünner; Erstveröffentlichung.

S. 88 *Sans chercher à savoir* – aus: ›Chant de la Balandrane‹, a. a. O.; Pl, S. 563.
Ohne wissen zu wollen – Ü.: Lothar Klünner, in: VzW, S. 86 f.

S. 90   *Faire du chemin avec...* – (Auswahl: Texte 2, 3, 13, 14, 23) – aus: ›Fenêtres dormantes et porte sur le toit‹, Paris 1979; Pl, S. 575 ff.
Wege machen mit... – Ü.: Lothar Klünner, in VzW, S. 66 ff.

S. 92   *Quantique* – aus: ›Fenêtres dormantes et porte sur le toit‹, a. a. O.; Pl, S. 601.
Quantenhymne – Ü.: Curd Ochwadt; Erstveröffentlichung.

S. 92   *Ibrim* – aus: ›Fenêtres dormantes et porte sur le toit‹, a. a. O.; Pl, S. 619
Ibrim – Ü.: Curd Ochwadt; Erstveröffentlichung.

S. 94   *Légèreté de la terre* – aus: ›Fenêtres dormantes et porte sur le toit‹, a. a. O.; Pl, S. 602.
Leichtsein der Erde – Ü.: Horst Wernicke. Erstveröffentlichung.

S. 94   *Se réchauffer l'ardeur* – aus: ›Loins de nos cendres‹, Paris 1982; Pl, S. 818.
Die Glut entfachen – Ü.: Horst Wernicke; Erstveröffentlichung.

S. 96   *Les Voisinages de Van Gogh* – aus: VG, Anhang
Die Nachbarschaft van Goghs – Ü.: Jean Voellmy; Erstveröffentlichung.

S. 98   *L'Avant-Glanum* – aus: VG, S. 9 f.
Das Vor-Glanum – Ü.: Horst Wernicke; Erstveröffentlichung.

S. 98   *Bestiaire dans mon trèfle* – aus: ES, S. 181 f.
Bestiarium meines Klees – Ü.: Lothar Klünner, in: BS, S. 26 ff.

S. 100 *Riche de larmes* – aus: ES, S. 7 ff.
Reich an Tränen – Ü.: Lothar Klünner, in: BS, S. 9 ff. (um einige Fragmente gekürzt).

S. 104 *Rare le chant...* – aus: ES, S. 191.
Rar schönes Lied... – Ü.: Lothar Klünner, in: VG, S. 48 f.

Biographischer Überblick

1907 René Emile Char wird am 14. Juni in L'Isle-sur-Sorgue geboren, als Nachkömmling einer Familie mit vier Kindern. Emile Char, sein Vater, ist Verwalter der Gipswerke des Departements Vaucluse, Marie-Thérèse Char, geborene Rouget, seine Mutter, Tochter eines Maurers von Cavaillon. René wächst in der elterlichen Villa im Névons-Quartier auf. Er besucht die Volksschule von L'Isle und das Gymnasium von Avignon.

1918 Tod des Vaters.

1925 In einer Handelsschule von Marseille glänzt René Char durch Abwesenheit. Gelegenheitsarbeiten, um sich über Wasser zu halten. Liest Plutarch, Villon, Racine, die deutschen Romantiker, Alfred de Vigny, Gérard de Nerval, Baudelaire.

1927 Militärdient in Nîmes als Artillerist.

1928 René Char gibt unter dem Titel ›Les Cloches sur le coeur‹ (›Die Glocken auf dem Herzen‹) seinen ersten Gedichtband heraus. Seine Großmutter bestreitet die Druckkosten.

1929 ›Arsenal‹ erscheint in Nîmes. Paul Éluard, dem der Dichter ein Exemplar zugestellt hat, besucht ihn in L'Isle. Sie werden Freunde. Char geht nach Paris und schließt sich den Surrealisten an.

1930 Schreibt mit André Breton und Éluard zusammen ›Ralentir travaux‹ (›Tempo drosseln, Arbeiten‹). Wird bei einem Krawall in der Bar »Maldoror« verletzt. ›Artine‹ erscheint im Surrealistenverlag.

1931 Char beteiligt sich an den Unternehmungen der Surrealisten. ›L'action de la justice est éteinte‹ (›Die Tätigkeit der Gerichte entfällt‹) erscheint im Surrealistenverlag. Reise nach Spanien mit Nusch und Paul Éluard.

1932 René Char heiratet in Paris Georgette Goldstein.

1933 Hält sich mit seiner Frau in Saumane-de-Vaucluse auf.

1934 Faschistische Protestkundgebung in Paris. Char nimmt an einer Gegendemonstration teil. Im Sammelband ›Le Marteau sans maître‹ (›Der Hammer ohne Meister‹) erscheinen die meisten Gedichte der letzten Jahre, teils überarbeitet. Char distanziert sich vom Surrealismus, ohne mit seinen Freunden zu brechen.

1935 René Char versucht, seiner Familie mehr Einfluß zu verschaffen im von seinem Vater gegründeten Unternehmen. Er wird 1936 Verwalter der Gipswerke des Départements Vaucluse, verzichtet aber im folgenden Jahr auf sein Amt.

1936 Char erkrankt an einer schweren Infektion. Erholungsaufenthalte

	in Céreste und Cannet, wo er die unter dem Titel ›Moulin premier‹ (›Erste Mühle‹) zusammengefaßten Gedanken niederschreibt; das Buch erscheint am 31. Dezember in Paris.
1937	Zwei Gedichte in den ›Cahiers d'Art‹, mit Collagen Éluards. ›Placard pour un chemin des écoliers‹ (›Plakat für einen Schulweg‹), ein den Kindern Spaniens gewidmetes Bändchen, erscheint bei GLM (Guy Lévis Mano).
1938	›Dehors la nuit est gouvernée‹ (›Draußen die Nacht wird regiert‹) bei GLM.
1939	Kriegserklärung. René Char wird eingezogen und kommt mit dem 173. Artillerieregiment ins Elsaß.
1940	Als Unteroffizier wird Char für den Besuch der Militärschule von Poitiers vorgesehen. Niederlage der französischen Armee. Auf dem Rückzug verteidigt er mit einigen Kameraden zusammen die Brücke von Gien gegen die angreifenden Stukas, um der Zivilbevölkerung die Überquerung der Loire zu ermöglichen. Nach seiner Entlassung kehrt Char nach L'Isle zurück. Da die Vichy-Polizei dem früheren Surrealisten mißtraut, ordnet sie eine Haussuchung an. Um einer Verhaftung zuvorzukommen, verläßt er seinen Wohnort und taucht in Céreste unter.
1941	Char setzt sich mit vertrauenswürdigen Personen in Verbindung, um eine Widerstandsbewegung zu gründen.
1942	Er tritt der Geheimarmee (»Armée secrète«) bei und übernimmt unter dem Decknamen Alexandre das Kommando des Sektors Durance-Süd. Erste Sabotageakte gegen die italienische Besatzungsarmee, die im Monat November von der deutschen abgelöst wird.
1943	Char wird mit dem Hauptmanns-Grad den französischen Streitkräften (»Forces Françaises Combattantes«) eingegliedert. Er ist für die Flugplätze der Basses-Alpes verantwortlich (»Section atterrissage parachutage«) und gleichzeitig stellvertretender Kommandant der Region (»adjoint au chef régional du réseau Action«).
1944	Char stürzt bei einem nächtlichen Unternehmen in die Tiefe, bricht sich den Arm und zieht sich zahlreiche Verletzungen zu. Im Monat Juli wird er als Verbindungsoffizier nach Algier beordert, wo die Landung in Südfrankreich vorbereitet wird. Gegen Ende des Jahres publiziert er erstmals seit 1939 wieder literarische Texte.
1945	›Seuls demeurent‹ (›Es bleiben aber‹) erscheint bei Gallimard. Der Verlag Gallimard wird fortan die meisten Werke des Dichters herausbringen. Im Monat September wird Char aus dem Militärdienst entlassen und kehrt nach Paris zurück.

1946	›Feuillets d'Hypnos‹ (›Hypnos. Aufzeichnungen aus dem Maquis‹) erscheint in der von Albert Camus betreuten Reihe ›Espoir‹. Das Werk wird im ›Figaro littéraire‹ vom Kritiker André Rousseaux gewürdigt.
1947	Das von René Char konzipierte Ballett ›La Conjuration‹ (›Die Verschwörung‹) kommt im Theater der Champs-Elysées zur Aufführung. Der Vorhang und die Kostüme sind von Georges Braque.
1948	Das Stück ›Le Soleil des eaux‹ (›Die Sonne der Wasser‹) wird vom französischen Rundfunk ausgestrahlt. Musik von Pierre Boulez. Der Sammelband ›Fureur et mystère‹ (›Zorn und Geheimnis‹) erscheint im September.
1949	Drei weitere Stücke: ›L'homme qui marchait dans un rayon de soleil‹ (›Der Mann im Sonnenstrahl‹), ›Sur les hauteurs‹ (›Auf den Höhen‹) und ›Claire‹. René Char trennt sich von seiner Frau Georgette.
1950	›Les Matinaux‹ (›Wanderer in den Morgen‹).
1951	René Char befreundet sich mit Nicolas de Staël. Sie geben zusammen einen Luxusband mit Gedichten und Holzschnitten heraus. ›À une sérénité crispée‹ (›Einer harschen Heiterkeit‹), ein Aphorismenband mit Vignetten von Louis Fernandez, erscheint im Monat April. Tod von Marie-Thérèse Char, der Mutter des Dichters.
1953	›Lettera amorosa‹. Reise ins Elsaß in Begleitung von Yvonne Zervos.
1955	Erste Fassung der unter dem Titel ›Recherche de la base et du sommet‹ (›Untersuchungen über Grund und Grat‹) erschienenen Prosatexte. Öffentliche Versteigerung des Elternhauses in L'Isle. Char trifft Martin Heidegger in Paris.
1956	René Char zeichnet und malt in schlaflosen Nächten.
1959	René Char ›Dichtungen/Poésies‹. Übersetzt von Paul Celan, Johannes Hübner, Lothar Klünner und Jean-Pierre Wilhelm. Vorwort von Albert Camus. Frankfurt am Main, S. Fischer Verlag. »An die Anwohner der Sorgue«: Char nimmt in einem Plakat zu den Fragen der Weltraumforschung Stellung.
1962	›La Parole en archipel‹ (›Das Wort als Inselgruppe‹).
1964	›Commune présence‹ (›Gemeinsame Gegenwart‹), eine Anthologie der Lyrik René Chars.
1965	›L'Âge cassant‹ (›Das zermürbende Alter‹), Aphorismen.
1966	Pamphlete und Protestkundgebungen gegen den Bau einer Raketenbasis für Atomwaffen auf dem Hochplateau Albions. René Char erhält den Preis der französischen Kritiker. Erster Aufenthalt Martin Heideggers in Le Thor.

1968	René Char erleidet einen Herzanfall in der Nacht vom 3. auf den 4. Mai. ›Dichtungen/Poésies II‹ erscheint bei S. Fischer in Frankfurt am Main.
1971	Eine Nummer der ›Cahiers de l'Herne‹ und eine Ausstellung in Saint-Paul-de-Vence und Paris würdigen das Schaffen des Dichters. ›Le Nu perdu‹ (›Der verlorene Nackte‹).
1972	›La Nuit talismanique‹ (›Die zauberkräftige Nacht‹) erscheint bei Skira in Genf.
1973	Tod Pablo Picassos. Char schreibt das Vorwort zum Katalog der Picasso-Ausstellung im Papstpalast von Avignon.
1974	»Le monde de l'art n'est pas le monde du pardon‹ (›Die Welt der Kunst ist nicht die Welt der Verzeihung‹) erscheint bei Maeght.
1975	›Aromates chasseurs‹ (›Duftquellen, diese Jäger‹).
1976	›Chants de la Balandrane‹ (›Gesänge der Balandrane‹).
1979	›Fenêtres dormantes et porte sur le toit‹ (›Verriegelte Fenster und eine Türe durchs Dach‹).
1980	Die Nationalbibliothek Paris stellt die von Malern des 20. Jahrhunderts illustrierten Manuskripte René Chars aus.
1981	›La Planche à vivre‹ (›Der Rettungsanker‹), eine Anthologie von Gedichten, die René Char und Tina Jolas übersetzt haben.
1983	Die Gesamtausgabe der Werke René Chars erscheint bei Gallimard in der ›Bibliothèque de la Pléiade‹. In Tours findet die erste internationale Tagung über seine Dichtung statt.
1985	›Les Voisinages de Van Gogh‹ (›Die Nachbarschaft van Goghs‹).
1988	René Char stirbt am 19. Februar in Paris an Herzversagen. Er wird im Friedhof von L'Isle-sur-Sorgue beigesetzt. Im Monat Mai erscheint sein letztes Werk: ›Éloge d'une Soupçonnée‹ (›Lob einer Verdächtigen‹).

Über René Char
Stimmen berühmter Zeitgenossen

»Ich halte René Char für unseren größten lebenden Dichter. [...] Man kann hier von einer poetischen Revolution sprechen. Dieser zeitlose Dichter spricht genau für unsere Zeit. Er ist mitten im Handgemenge, er formuliert unser Unglück wie unsere Wiedergeburt. [...] Was Char ›Die Weisheit mit Augen voll Tränen‹ nennt, ersteht hier, auf der Höhe unserer Zusammenbrüche. [...] An Werke wie diese können wir uns von nun an wenden, wenn wir Zuflucht und Klarblick suchen.«
Albert Camus, René Char. Essays, Paris 1959

»René Char, Sucher der harten Steine unter der Erde, der sie an die Sonne zu holen weiß, um Worte daraus zu formen aus reinerem Material.«
Pierre Reverdy, Vous êtes, vous aussi, Paris 1962

»Die Größe und Bedeutung René Chars, die unvergleichlich ist in dieser Zeit, liegt auch darin, daß seine Poesie Offenbarung der Dichtung ist, Dichtung über die Dichtung, oder wie Heidegger es von Hölderlin gesagt hat: das Gedicht vom Wesen des Gedichts [...], die stärksten und die einfachsten Worte, die Dichtung je benutzt hat, um sich zu erhellen und zu erkennen.«
Maurice Blanchot, La part du feu, Paris 1949

»Ich denke an die Dichtung René Chars und an all das, was er hat sehen und leiden müssen. [...] René Char, Sie sind ein Dichter, der an die Macht glaubt, die die Schönheit hat, um alle Leiden zu heilen. Mögen alle Menschen das glauben, wie Sie es auch mich zu glauben gelehrt haben.«
William Carlos Williams, The Desert Music, New York 1954

»René Char täuscht uns nicht. Silben, weißglühende, ihre Wurzeln zerbrechen den Stein, ihre Zweige erbauen ein Haus der Echos [...], Vegetationen des Blitzes, wie eine Stirn, wie ein Mund. Die Wurzeln haben das Wasser gefunden: der Tag ist die Mitte.«
Octavio Paz, in: Caravelle 49, Toulouse 1987

»René Char, wir beide hätten uns ganz sicher irgendwo begegnen müssen, zweifellos zwischen den Blättern des Schlafs oder im stillen Vorbeigehen der Worte, bis in die dämmrigen Fernen der höchsten Empfindsamkeit, wenn auf einer Glocke, zu Boden gestürzt und mit Regenwasser gefüllt, die neun Vögel zu trinken begonnen haben, Tropfen für Tropfen, ihren schönen Kopf nach jeder Labung wendend, um dem großen Unsichtbaren Dank zu sagen. O ja, René, in diesem stillen Dank sind wir uns begegnet.«
Jannis Ritsos an René Char,
aus einem Brief vom 6. 3. 1985,
in ›Europe‹ Paris 1988, S. 15

»René Chars Texte können nicht als Mitteilung fungieren, aber sie erlauben, ja fordern dazu auf, sich mit ihnen zu verständigen. Wo dies nicht ohne Rest gelingt, liegt ihr Überschuß. Sie enthalten Sprachzukunft.«
Hans Magnus Enzensberger, in: ›Kritische Blätter‹, Gütersloh 1959

»Char, Sie haben den Blitz ins Nest gezwungen, und auf dem Blitz bauen Sie. [...] Unter Dichtern möchte man Sie gegenwärtig wissen, allein mit dem Kennzeichen dieses Blitzes auf der Stirn.«
Saint-John Perse, À René Char, Paris 1971

»Das dichterische Werk René Chars ist keinem anderen vergleichbar. Es hat ein einziges Thema: Schönheit und Dichtung – oder der Platz des Schönen unter den Werten des menschlichen Lebens. Aber Schönheit bei Char ist vor allem Liebe, Freiheit, Wahrheit [...], und ihr wahrer Name wäre vielleicht Güte und Glück.«
Paul Veyne, René Char en ses poèmes, Paris 1990

»In Chars Wort, in seiner ›Mandel‹, erkennen wir eine intransitive Kraft – glücklich und zunächst ängstlich, nur sich selbst zu erproben, zwischen der äußersten Konzentration und dem Aufsprudeln, das einen nächtlichen Himmel übersäen kann. [...] Dies ist eine der unerbittlich Auskunft heischenden und eindringlichsten poetischen Stimmen. [...] Dieser Dichter ist der ›große Beginner‹, der für immer der Zeitgenosse seiner aufrührerischen Kindheit blieb. Solche Dichtung hilft leben, hilft widerstehen, im wahren Sinn des Wortes, sie ist gekennzeichnet vom Mut dessen, der in der Zeit ungeheurer Unterdrückung und Gefahr das Antlitz des Dichters Hypnos und das des Capitaine Alexandre trug.«
Jean Starobinski, René Char zu Ehren, Frankfurt am Main 1989

»Ich denke, René Char ist der Dichter, der am deutlichsten und heftigsten auf die politischen Ereignisse seit dem Zweiten Weltkrieg reagiert hat. Die erlebte Geschichte ist in seinen Gedichten gewaltig, spontan und mit dem Herzen gelebt. Char wird dereinst der größte unserer politischen Dichter gewesen sein.«
                    Georges Mounin, La communication poétique, Paris 1968

»Lieber René, Dank für Dein Wort. Es hat mir Freude gemacht, Dich zu lesen. Zuerst war ich ein wenig verstört in diesem Licht des vollkommensten Erkennens, das es gibt, wo die Diamanten nur im Augenblick eines funkelnden schnellen und heftigen Wassers aufblitzen.«
                  Nicolas de Staël an René Char, aus einem Brief vom 23. 6. 1952

Deutsche Übersetzungen: Horst Wernicke

NACHWORT

HORST WERNICKE
»Einen Blitz bewohnen«
René Char und seine Gedichte

Das Werk René Chars liegt seit 1983 in der ›Bibliothèque de la Pléiade‹ vor und in den nachfolgenden Sonderdrucken ›Les Voisinages de Van Gogh‹ (1985) und ›Éloge d'une Soupçonnée‹ (1988).

Fast die Hälfte dieses Werks ist bisher in deutscher Übersetzung erschienen. Eine genaue Lektüre und eingehende Betrachtung der Gedichte René Chars stehen im deutschsprachigen Raum aber noch bevor. In Frankreich, aber auch in den USA oder den Niederlanden ist eine Fülle von Studien und Würdigungen zu Chars umfangreichem lyrischen Werk vorgelegt worden; in Deutschland ist dem – trotz der Bemühungen einiger Freunde Chars – bisher kaum etwas Vergleichbares an die Seite zu stellen. Das liegt zum einen sicherlich an der besonderen Schwierigkeit, der »Verschlossenheit«, vieler seiner Gedichte, die nur schwer und oft ungenau ins Deutsche zu übersetzen sind, beim Übersetzen meist Wesentliches an Ausstrahlung und Konnotation verlieren, aber auch daran, daß französische Lyrik in Deutschland zu keiner Zeit eine gebührende Rezeption erfahren hat, wie sie umgekehrt in Frankreich, etwa für Heine, Rilke oder Celan, durchaus festzustellen war.

René Char gehört zur Generation der Künstler, der Menschen, die der deutsche Nazi-Faschismus oder der sowjetische Kommunismus bewegt und beschädigt, umgetrieben oder getötet haben, ähnlich wie Paul Celan, der in den fünfziger Jahren einige Gedichtsammlungen Chars ins Deutsche übersetzt hat, oder wie Ossip Mandelstam, den Char ins Französische übertragen und hoch geschätzt hat. Char ist einer der wenigen, die Front gemacht und standgehalten haben gegen die Verführungen und die Verbrechen dieser totalitären Mächte, von der ersten Stunde an bis in seine letzten Lebensjahre. Er hat den bewaffneten Kampf gegen die Naziunterdrücker in seinem Land als freiwilliger Offizier der französischen Résistance geführt und hat diesen Kampf überlebt, der seine Dichtung nach 1945 geprägt hat. Und er gehört, wie Paul Celan, zu den ersten, die nach dem Krieg bewiesen, daß »nach Auschwitz« noch Gedichte zu schreiben waren, geschrieben werden mußten, und das vorschnelle und später zurückgenommene Adorno-Wort, bevor es ausgesprochen wurde, schon widerlegt hatten.

René Chars Gedichte gehören zur Lyrik der dichterischen Avantgarde in diesem Jahrhundert. Sie sind nicht leicht zu verstehen. Verstehensschwierigkeiten zeigen sich beim Lesen aller hier vorgelegten Texte, vom ersten (›Commune présence‹) aus dem Jahre 1936 bis zu den letzten ›Riche de larmes‹ oder ›Rare le chant‹ von 1988. Dieses Buch beginnt bewußt mit dem frühen Gedicht ›Gemeinsame Gegenwart‹, das die Kernaussage der Philosophie und Poetik René Chars zusammenfaßt und auf den griechischen vorsokratischen Philosophen Heraklit (»Der mit dem Sonnenadlerblick«, sagt Char) hinweist, von dem in den Kommentaren zu den Gedichten hier häufig die Rede ist. Chars poetische Nähe zur »Philosophie der Gegensätze« des Heraklit zeigt sich darin, daß er hier den tragischen Grundgedanken findet, der die »gemeinsame Gegenwart« denkt und sogleich wieder zerreißt, die »énergie disloquante« der Dichtung, ihre spaltende und erhellende Energie. Die Einsamkeit aller Wesen und Dinge spaltet unaufhörlich das geheime und gleichzeitige Einssein. Wenn aber alles getrennt voneinander ist, zeigt es sich wortwörtlich »hermetisch«. Und für Chars Dichtung gilt: Sie ist hermetisch nur in diesem Sinne, nicht als künstliche, esoterische Verfinsterung, nicht im Gebrauch okkulter und obskurer Symbole und Sprache. Der Dichter Hans Magnus Enzensberger hat das bei seiner ersten Lektüre der Gedichte René Chars gesehen: »Chars Texte sind offen – und dunkel. Aber diese Dunkelheit hat nichts gemein mit jener Verfinsterung, die ein literarischer Terrorismus bis heute über die Sprache auszugießen nicht müde wird. Chars Texte sind dunkel, aber sie leiden nicht an der Not einer poetischen Impotenz. In der modernen Dichtung gibt es kaum Vergleichbares.« (›Kritische Blätter‹, 1959)

In dem Getrenntsein aller Dinge nimmt Chars Gedicht die Möglichkeit einer »Entbergung« wahr, findet und zeigt eine »Lichtung«, durchaus im Sinne der Philosophie Heideggers, mit dem er in den sechziger Jahren ins Gespräch kommt, die Lichtung einer physischen und metaphysischen, einer *poetischen* Wahrheit. Char sieht Aufgabe und Ziel seines Dichtens, das er, wie Heraklit und wie Heidegger, mit wahrem Denken ineinssetzt, in Heideggers Denkweg und seinen Erkenntnissen bestätigt: Dichtung (und ihr Verstehen) zeigt momenthaft, blitz-lichtartig das Geschehen der »Unverborgenheit des Seienden« im

Menschen; Dichtung »bewahrt die unendlichen Gesichter des Lebendigen« (Char), ist »Gedächtnis des Seins«, macht das zur Sprache gebrachte Sein hörbar und sichtbar. Chars fragmentierte, »hermetische« Sprache ist die Art und Weise seiner poetischen Erkenntnis der Welt, des »produktiven Erkennens der Wirklichkeit« (»connaissance productive du Réel«), die wahre Dichtung nach seiner Überzeugung zu leisten vermag. Er nennt seine Gedichte einen »Gewaltmarsch ins Unsagbare«. Weil das Gedicht das Aufgedeckte mitteilen will, das noch nicht oder kaum Sagbare, als Stimme, die den Leser und Hörer zum Erkennen, zum Leben, zur Lebensveränderung aufruft, können seine vielen poetologischen Texte – seine Gedichte über das Gedicht – als Stationen in einem nie endenden Prozeß der immer neuen Konfrontation des Dichters mit seinen eigenen Möglichkeiten gesehen werden.

»Hermetik« bedeutet immer eine ganz neue Art von Bildlichkeit. Die ist bei Char in seiner frühen Zeit der Mitarbeit bei den Surrealisten um André Breton und Paul Éluard geprägt und entwickelt worden. René Char ist der letzte Dichter, der die Erbschaft des Surrealismus, kritisch und differenziert, bis in die Gegenwart getragen hat. Die auffälligen, ungewöhnlichen Bilder und Metaphern seiner Gedichte kommen zwar aus dem ganz privaten Innern, sind bei ihm aber immer auch – und das ist ungewöhnlich in der modernen Lyrik – der ihn umgebenden Welt und Landschaft entnommen, deren Erfahrung der Leser mit ihm teilen kann, er muß allerdings die Zeit und das »Territorium« des Dichters kennen.

Die Bewegung des Surrealismus erfaßte Char für eine kurze Zeit (Anfang der dreißiger Jahre) eher wegen ihres militanten, aufrührerischen Charakters als durch ihre künstlerische Produktion. Er entzog sich schnell wieder den Einflüssen Bretons und Éluards und lehnte die surrealistische Technik, den Automatismus unter dem Diktat des Unbewußten, das ständige Deformieren der Wirklichkeit im Kunstwerk ab. Andererseits hielt er an wesentlichen Grundlagen des Surrealismus fest, an der Bedeutung des Traums und seiner Botschaften, an dem künstlerischen Ziel, das »Unbekannte vor uns« im Wort zu erfassen.

In einem Brief an André Breton aus dem Jahre 1947 (›Lettre hors de commerce‹), als dieser ihn zur alten Bewegung zurückholen wollte, legt Char die Gründe für seine Ablehnung dar. Den ursprünglichen Absichten des Surrealismus bleibe er auf Dauer verbunden, vor allem der gemeinsamen Weigerung, auf politischem wie auf künstlerischem Gebiet jemals der Beruhigung und Beschwichtigung, der Anpassung zuzustimmen.

Chars nachsurrealistische Prosa-Gedichte erscheinen oft als Rätsel oder Orakel, aber im Sinne des Heraklit-Satzes »Das Orakel verkündet nichts und verbirgt nichts, es gibt Zeichen«, fordert also zur Deutung auf. Das entspricht dem Bedürfnis aller wahren Kunst, den Sinn offenzuhalten, »nachdenklich« zu machen. Wenn der Leser vom Gedicht erwartet, daß es ihn angeht, daß er es auf sich beziehen kann, so ist das Gedicht letztlich auch das, was der Leser aus ihm macht: Es ist auf Verwandlung und Anverwandlung angelegt und fasziniert gerade dadurch, daß es nicht sogleich verstanden wird; das Erproben und Ahnen von Sinn, das Noch-nicht-Verstehen ist ihm gemäß. Jedoch nicht um ein »sacrificium intellectus« zu fordern, sondern um – wie Freud oder Rilke in ihrer Erkundungsarbeit mit Sprache – die Grenzen des »Unsagbaren« zu umkreisen, um – wie moderne Lyrik von Mallarmé und Rilke bis zu Ponge und Char – mit Worten auf das noch Wortlose zu deuten. Chars Freund, der Lyriker Yves Bonnefoy, sagte es vor einigen Jahren so: »Die Dichtung träumt und erinnert sich – verloren zwischen so vielen Bedeutungen – an einen noch jungfräulichen Urzustand des Worts. Dann, aus dem Schweigen, in dem alles Irdische vor dem Sagen ist, nur benennend, spiegelt dieses neue Wort einen Moment lang – aber außerhalb der Zeit – das Nicht-Abzubildende der Welt« (›Récits en rêve‹, Paris 1987, S. 321). In René Chars Dichtung ist nicht Verstehen der ruhende Endpunkt, sondern die Zäsur, die Sinne und Gedanken immer wieder in Bewegung bringt. Chars Gedicht – wie moderne Lyrik schlechthin – scheint sich oftmals an keinen Leser zu richten und reiner Monolog zu bleiben, enthält Bilder, zu denen der Text keinen »Schlüssel« und keine Verstehenshilfen gibt (Ort, Zeit, Erlebnisse, Gedanken- und Bildentwicklungen), die dem Leser helfen könnten, aber dem Gedicht fremd und unwesentlich bleiben, das in sich »verschlossen« zu ruhen scheint. Hinzu kommt für Chars Gedichte und Gedichtsammlungen, daß aus der scheinbaren Beziehungslosigkeit zwischen dem Titel und dem folgenden Text, aus der Spannung und dem »Dialog« zwischen beiden, das Gedicht und ein Verstehen des Gedichts oft erst geboren werden; diese Spannung ist fruchtbar, verstellt nur scheinbar den Sinn, regt zum Nachdenken und Verstehen an. René Char hat immer wieder bekräftigt, daß die »poésie« ein Geheimnis (»mystère«) bleibe. Aber, so forderte kürzlich mit Recht Georges Mounin, einer der großen

René-Char-Leser und Sprachwissenschaftler: »Man muß für den Sucher-Leser (»chercheur-lecteur«) das Recht reklamieren, ehrlich alles herauszuarbeiten, was die Dichter über dieses Geheimnis gesagt und gefunden haben.« (G. Mounin, ›Sept poètes et le langage‹, Paris 1992, S. 18) Das zeichen- und bildgebende »heraklitische« Gedicht René Chars provoziert die Mitarbeit des Lesers, der das Gedicht zu Ende »schreibt«. Der Nach- und Neuvollzug der im jeweiligen Text geleisteten Arbeit und nicht einfach die Rezeption seines »Inhalts« wird seinen Absichten gerecht. Die lyrische Vieldeutigkeit des Wortes, der Wortverbindungen ist als Opposition zur »Eindeutigkeit« der wissenschaftlichen Sprache, aber auch zur Unbedeutendheit, zum »Nichtssagenden« der Umgangssprache der alltäglichen Mitteilungen zu verstehen. Die in moderner Lyrik programmatisch gewordene »Entselbstverständlichung der Gemeinsprache« ist als Widerstand gegen die herrschende Normierungstendenz der Sprache zu begreifen. Die Brüche, die scheinbaren Beziehungslosigkeiten der disparaten Bilder und Sätze, die Diskontinuitäten sind ein Zeichen dafür, daß diese Gedichte (und das versuchte Übersetzen in eine andere Sprache) als Produkte der Schreib- und Spracharbeit immer wieder veränderbar und verändernd sind. Dem Diktat des Verstehens, der eindeutigen Setzung und Gleichsetzung, dem Ausdeuten und der besserwisserischen »Interpretation« wird in Chars Gedicht ein Strich durch die Begriffsrechnung gemacht.

René Chars vorherrschende dichterische Technik ist »fragmentation«, die Form des Aphorismus und des Fragments, die Auflösung der Sprache in unendlich viele lyrische Bruchstücke. Der Titel eines seiner Gedichtbände heißt ›Poème pulvérisé‹; und Char definiert: »Warum pulverisiertes Gedicht? Weil am Ziel seiner Heimfahrt, nach vorgeburtlichem Dunkel und irdischer Härte, das Ergebnis des Gedichts Licht ist. Zustrom des Seins in das Leben.« (›La bibliothèque est en feu‹, siehe S. 63)

René Chars Gesamtwerk, nicht nur die Metaphorik der Sammlung ›Das Wort als Inselgruppe‹ (1960), zeigt, daß er seine Dichtung als einen »Archipel« von Worten verstanden wissen will. Die Aphorismen, Gedichte und Gedichtsammlungen sind eine Ansammlung von Fragmenten, zerstreut und doch aufeinander bezogen und eine innere Einheit bildend, für den verstehenden Leser gedacht als lebensrettende Inseln inmitten eines Meeres von Nichtigkeit und Absurdität. Das dichterische Wort bringt die Früchte nicht reif zum Pflücken, sondern der Leser muß sie unter Mühen suchen; und in privilegierten Momenten vermag er »Wirklichkeit« zu erkennen. Die hohe Bewertung der Arbeitsbereitschaft, der angewandten Energie, gehört zur Ethik Chars: »Einen Durchbruch schlagen, aus dem dann das auflodernde Feuer eines duftenden Krautes hervorschießt.« (Pl, S. 193: »Faire la brèche, et qu'en jaillisse la flambée d'une herbe aromatique«.)

Die unterschiedlichen Vegetationen und Formationen der provenzalischen Landschaft, ihre sehr variantenreiche »Parzellierung«, hat Char, wie er bekennt, früh zu der Form des Fragments und des Aphorismus geführt. In einem Interview stellt er fest: »Die ganze Provence besteht aus aphorismusartigen Landstrichen, etwa das Quellstromgebiet um Fontaine-de-Vaucluse oder die Alpilles: eine richtige Belehrung durch die Natur. (...) In dieser Landschaft liegt teilweise auch der Ausgangspunkt für meine aphoristische Form.« (›Les Nouvelles Littéraires‹, 16. 9. 1965. Char zog die Bezeichnung »vers aphoristique« dem Formbegriff »Fragment« vor.)

René Char konzipiert eine sehr bewußte »Poetik des Fragments«. Bereits die deutschen Frühromantiker, allen voran Friedrich Schlegel, aber auch Novalis, haben das Fragment als genuine und für ihre poetischen Intentionen einzig angemessene Ausdrucksform gewählt. (Man vergleiche Schlegels erstaunlich modern wirkenden Essay ›Über die Unverständlichkeit‹.) Mit dem Ende der Mimesiskonzeption in der Kunstbetrachtung beginnt die künstlerische Moderne. Das Fragment ist ihr Signum. (Hier liegt die Modernität der Romantik; die Surrealisten und mit ihnen Char waren begeisterte Kenner der deutschen Romantik.) Die Tätigkeit des Künstlers setzt von nun an auf Offenheit und Wandlungsfähigkeit, auf Bewegung, Innovation, auf »Anstoß geben« (Schlegel). Die Form des Fragments korrespondiert unmittelbar mit der aktiven Rolle des Lesers. Das Scheitern seiner ersten Verstehensbemühungen, die nicht endende Verwirrung, potenziert durch die in Gang gesetzte Reflexion seine Anstrengung des Verstehens. An den offengelegten Bruchlinien des Fragments sollen Phantasie und Intelligenz der Leser ständig weiterarbeiten. Das vorgesehene Scheitern ermöglicht immer neue, differenziertere Ansichten und Entdeckungen des immer nur vorläufigen Verstehens.

Chars ständige Fragmentation berechtigt nicht zu der Schlußfolgerung, seine Gedichte seien »formlos«. Das wäre ein schwerwiegendes Mißverständnis. Wie die abstrakte Malerei hat diese Lyrik eine immanente Struktur, die kein Erfahrungsmodell, keine literarische Tradition übernimmt oder anerkennt, sondern der freien Entfaltung der dichterischen Bildersprache dient. »Wir sind unregierbar. Der einzige Herr, der uns förderlich wäre, ist der Blitz, der uns bald erleuchtet, bald spaltet.« (Pl, S. 381)

Dabei spielt die Dynamik des Wortflusses eine ebenso große Rolle wie die Bedeutungsverhältnisse, die sich aus Bild- und Assoziationsketten, Kontrastwirkungen oder Verschränkungen der Perspektiven ergeben. Diese Strukturlinien können »abstrakt« genannt werden, weil sie nicht mehr durch eine geradlinige »konkrete« Erlebnisthematik bestimmt sind.

Chars ständige Fragmentierung, der ständige Bruch und Widerspruch, oft in ein und demselben Satz oder Wort, läßt mehrere Bedeutungen miteinander rivalisieren, läßt eine Bedeutung explodieren und vervielfältigt sie, ähnlich einer Vermehrung durch Zellteilung. Es ist eine Art Brechung des Lichts im Wort. Chars Gedicht ist das unseren Augen und Ohren angebotene Zeichen dafür, daß alles Leben immer und zugleich »anwesend« ist; sein Gedicht faßt Sichtbarkeit und Verborgenheit in eins, läßt Einssein sich ereignen und bild- und blitzartig sichtbar werden, zerstört das bekannte Gerüst des Kausalen. »Sache des Dichters« ist nach Char »eine Weltenschöpfung, die das Band von Ursache und Wirkung zunichte macht. Dann kann der Dichter sehen, wie die Gegensätze – diese präzisen und wirbelnden Täuschungen – münden, wie ihre immanente Ahnenreihe Person wird, wobei Dichtung und Wahrheit, wie wir wissen, ein und dasselbe bedeuten.« (›Partage formel‹, XVII, Pl, S. 159) Ein Wort, ein Gedichttitel, ein Fragment innerhalb eines Gedichts rufen oftmals einen »essaim de sens« (Pl, S. 572), einen Sinn- oder Deutungsschwarm hervor (»essaim« ist der Bienenschwarm, ein wesentliches Bild in der Poetik Chars).

Der Begriff »Fragment« ist in Chars Dichtung zum ersten Mal in dem frühen Gedicht ›Gemeinsame Gegenwart‹, dem ersten Text dieser Auswahl, genannt, das eingangs schon einmal erwähnt wurde: »Eile dich weiterzugeben / Was dein ist an Wunder Wohltun und Rebellion // Wirklich du bist mit dem Leben im Rückstand / Dem unsäglichen Leben / Dem einzigen schließlich dem du dich vereinen magst / Das dir von Menschen und Dingen täglich verweigert wird / Von dem du mühsam hier und da ein paar magere Bruchstücke findest / Nach unerbittlichen Kämpfen [...]«

Zu der Reihe der Aufforderungen, die der junge Dichter an sich selbst und an den Leser richtet, gehört die der Eile, das Leben zu erreichen, das täglich verweigerte »unaussprechliche« Leben, von dem nur hin und wieder »schmale Fragmente« zu erkämpfen seien, »in einem grausamen Kampf mit den Menschen und mit der Zeit«. (Gespräche mit France Huser, Pl, S. 821 ff.) Die mehrfach geforderte Eile ist ganz an die fragmentarische Natur der Dichtung gebunden, die nur kurzfristig belichtet, was nicht dauernd zu besitzen ist. Fragmentierung bei Char ist somit nicht wesentlich eine formale Frage, sondern betrifft die Zeit des dichterischen Erkennens der Wirklichkeit. In seinem umfangreichen Text über Arthur Rimbaud aus dem Jahre 1956 schreibt Char über dessen Dichtung – und kennzeichnet damit zugleich seinen eigenen poetologischen Standort: »Das wahre Leben, der unabweisliche Koloß, bildet sich nur in den Seiten der Dichtung. Indessen hat der Mensch nicht (entweder nicht mehr oder noch nicht) die Souveränität, über dieses wahre Leben frei zu verfügen, sich von ihm befruchten zu lassen, außer in kurzen Erleuchtungen, die Orgasmen gleichen. Und in der Finsternis, die ihnen folgt, teilt sich, dank der Erkenntnis, zu der die Erleuchtungen führten, die Zeit zwischen der schrecklichen Leere, die ihr entströmt, und der Vorahnung einer Hoffnung, die wir nähren und die nichts anderes ist als der kommende Zustand äußerster Dichtung [...]« (Pl, S. 730).

»Wahres Leben« ist in der Dichtung mit dem Augenblick des Lichts verbunden, unbesitzbarer Zeit-Raum, Blitz, der Herz und Verstand wissend macht. »Die Poesie ist Wort und zugleich schweigende, verzweifelte Provokation, die ausgeht von unserem Seinsverlangen und auf das Erscheinen einer Wirklichkeit zielt, die nicht ihresgleichen hat. Unverweslich, gewiß. Unvergänglich nicht; denn es gibt keine Gefahr, der nicht auch sie unterworfen ist. Aber nur sie triumphiert vor aller Augen über den physischen Tod. So ist die Schönheit, die Schönheit auf großer Fahrt, erschienen bereits in den Frühzeiten unseres Herzens, bald wie zum Hohne bewußt, bald lichtvoll wissend.« (›Dans la marche‹, 1960, Pl, S. 411)

Alles Wissen aber über René Chars Dichtung und über sein dichterisches Selbstverständnis mündet und ist zusammengeballt in jenem schwierig und paradox erscheinenden, nachdenklich machenden Fragment, das diesem Buch den Titel gegeben hat und das auf Chars Grabstein in Isle-sur-Sorgue eingemeißelt ist. Was der Dichter Apollinaire sehnsüchtig erwartete, jenen »éclair qui durerait«, was moderne Lyrik nur noch skeptisch und zögernd ausspricht, ist für René Char und sein Gedicht verheißende Gewißheit:

> »Wenn wir einen Blitz bewohnen,
> ist er das Herz der Ewigkeit.«

René Char

Die Bibliothek in Flammen
und andere Gedichte
La bibliothèque est en feu
Zweisprachige Ausgabe
Mit einem Nachwort von Horst Wernicke
Band 10803

Einen Blitz bewohnen
Gedichte 1936 bis 1988
mit Kommentaren französisch und deutsch
Herausgegeben von Horst Wernicke
Aus dem Französischen von
Paul Celan, Johannes Hübner, Lothar Klünner,
Jean Voellmy und Horst Wernicke
Band 12675

Hypnos
Aufzeichnungen aus dem Maquis (1943-1944)
Feuillets d'Hypnos
Zweisprachige Ausgabe
Deutsch von Paul Celan. Nachwort von Horst Wernicke
Band 9570

Zorn und Geheimnis
Fureur et Mystère
Gedichte
Zweisprachige Ausgabe
Deutsch von Johannes Hübner und Lothar Klünner
Nachwort von Horst Wernicke
Band 9571

Fischer Taschenbuch Verlag